JN135862

歩く民主主義

五万軒、歩いてわかった元気の作り方

村上稔

JPCA 日本出版著作権協会
http://www.jpca.jp.net/

*本書は日本出版著作権協会（JPCA）が委託管理する著作物です。

本書の無断複写などは著作権法上での例外を除き禁じられています。複写（コピー）・複製、その他著作物の利用については事前に日本出版著作権協会（電話 03-3812-9424, e-mail:info@jpca.jp.net）の許諾を得てください。

目　次

歩く民主主義

～五万軒、歩いてわかった元気の作り方～

第1部　歩く民主主義論

第2部　対談　これまでの日本、これからの希望と元気の作り方

第１部
歩く民主主義論

プロローグ

「元気」をめぐる物語

いよいよ五〇歳の坂を超えたのだが、若い頃の努力を怠ったせいか、転んでばかりの人生を歩んでいる。ボブ・ディランみたいにライクア・ローリングストーンと歌えば格好いいが、とくに一貫した方向性もなくその時その時の直観に従って流されているうちに、振り返ったらこんなことになってしまっていた。

先日、ある団体の講演に呼ばれて行ったのだが、話が終わってから主催者である顔なじ

みの理事長が近づいてきて、こんな風に言うのである。

「しかしあなたはすごいね。ずっと転がり続けているんだもの。私なんか転がる勇気がなくて、同じところにずっといて、気付いたら人生も終盤だから……」

それを聞いて私は何やら恥ずかしくなると同時に、どこか悪くない気もした。

転がる、には二つの動きがあってひとつは「コケる」ということ。私は一九九九年から三期一二年間、市議会議員を務めてきて、二〇一一年に県議会議員の選挙に出て落選したのだが、これなどはまさに私の人生で最大の「コケ」だった。私は身の程知らずで県議会選挙に出てコケ、見事に失業者になったのだ。

しかし「転がる」のだから、コケてもそのあとはまた起き上がる。コケて起き上がりコケて起き上がり……というのが転がるという運動のダイナミズムだ。

そこで、私が自分の人生を幾ばくかでも肯定するなれば、コケて起き上がってくる時に、その手に何がしかのお土産をつかみ取ってくる（少なくともその気持ちを持っている）という点である。コケるのは痛い。なのでタダでは済ましたくない。

お土産の中身は、ほとんどが意味の無いジャンクなものかもしれないが、そこはやはり少々珍しい土地から持ち帰ったものだ。何点かは人が喜んでくれるような代物も混ざっていると信じている。

そんなわけでこの本は、私がこれまで見てきたいろんな辺境の中から、「これは伝えておきたい、土産話足り得るかも」というものを思い出しながら書いていこうと考えている。なので、とり止めのない長話のようなものになるかもしれないが、ひとつだけ心に浮かぶキーワードがあって、それは「元気」ということである。

元気は生きる意欲の源だ。元気をなくすと生きるのがつらくなる。いよいよ空っぽになってしまったら死にたくなったりする。それほどに元気というのは根源的にこれ以上ないぐらいに大切なものなのだが、これについて人は扱いあぐねている。

元気は、時に出たり出なかったりするが、これは自然に吹く風のようなもので、どこからともなくやってきて去っていくものなのだろうか。我々は、願わくば生ある限り元気いっぱい生きたいと思っている。これに反対する人はいないだろう。そんな元気だが、これがいったいどこから湧いてくるものなのか、またなぜ減退してしまうのか、知ってるようで知らない。こんなに大切なものなのだから、私は学校のカリキュラムに「元気」の授業があってもいいと思うぐらいだ。

そして私もやはり長い人生の中で、時によって元気があったり無かったりするのだが、この本の中で話していきたいのは、「こういう時には元気が出ない」あるいは「元気を奪われた」、また「こういう時には元気が湧いてくる」「元気をもらえた」という、いわば元気をめぐる物語なのである。

とまあ思わせぶりなことを言ったが、今の私の結論は単純である。最初からネタバレだが言ってしまおう。人は一方的な価値観を押し付けられ自分を否定されたとき、元気を失う。そして逆に、自分で感じ、決め、自由に生きる時、元気になる。以上。

ハラスメントと言えば誤解も生むだろうけども、分かりやすいかもしれない。私の定義するハラスメントとは、傲慢な価値観を他者に押し付けて、その人権をおとしめるということ。このハラスメントが私たちの元気を奪う元凶なのである。

それは日常生活の中での個人対個人であったり、家庭での親子関係であったり、また学校や職場での関係であったりするだろう。それに私は、国家と地方の間にもまったく同じ構造を見てとる。原発や沖縄米軍基地などはその最たる例だ。国家による経済成長や国際関係という大きな話の押しつけ。その物語はイリュージョンだと喝破する市民を、国家というハラスメント加害者は寄せ付けない。

ハラスメントは誰の目から見てもはっきりと激しく行われる時もあるだろうし、表面的にはそれと分からないぐらい深く、じりじりと侵攻するようなたちの悪いものもあるだろう。どのような形であれ、そこにあるのは人の元気を壊すブラックな力の流れである。

そしてこのハラスメントを脱した時、あらためて人は自分自身を生き始めることができる。人は自分の信じるところに従って自分で決め、自由に生きる時、そこに元気の泉を見つけるのである。

いろいろ反論もあるかもしれない。自分で決めるなんて言っても、その自分というのがよくわからないんだ……とか。押し付けっていうけれども、自分で選んだ学校や会社じゃないか……とか。自問自答。しかしまあ哲学的追求をしていけばキリがない。取り急ぎ我々は、今を元気に生きるためのヒントを探していきたいと思うのである。

インドで出会った元気な人々

私はもともとネガティブなものの見方をする人間だった。若いころから藤原新也のエッセイなんかを熱心に読んできたせいかもしれない。私のアンテナは世の中のダメなところばかりキャッチしていた。

高校まで徳島で生まれ育ち、大学進学ではじめて関西の都会に出た。その時の、電車の車窓から外の景色を眺めながら感じた、とても鬱々とした気持ちを今でも覚えている。肥大した文明が田舎者の青年の全身に一気に襲い掛かってきたという感じだ。自分の存在が見るみる薄っぺらく小さくなっていく。新生活は始まったが、圧倒的な物量の文明に溺れて自分を見失い、日々ただ頼りなく流されるしかなかった。

勉強にも力は入らない。自分自身が親となった今になって振り返ると、本当に両親には申し訳なかったと思う。専門は英米語学科だったが、高い授業料と生活費の仕送りを受けながら、四年間で何一つまともに身に付けたものは無かった。自分が親だったらこれでは虚しい。都市生活の空気を知り、片言の英語をしゃべるようにはなったが、こんなものは何も大学に行かなくてもフリーターで十分だ。

ただ自分の都合だけを言うと悪いことばかりではなかった。小田実の『何でも見てやろう』という本があったが、そんな感じで、興味の赴くままに何でも見に行った。いや考えてみると、この何でも見に行っていた（自分が何者でも無かった）時間こそ、実は貴重なものだったのかもしれない。後に政治の世界に乗り込んでいったり、ソーシャルビジネスに参入したりと、転がりながらもそれなりに面白く生かせてもらっているベースには、この青春時代のいろんな「見学」がいろいろと役に立っている気がする。

「見学」した記憶の中でも存在感が大きいのはインド旅行だ。

件の藤原新也の『印度放浪』に影響を受け、アルバイトをしてお金を貯め、インドに旅立ったのは大学二年、一九歳の夏休みだった。最初は一カ月の予定だったのだが、途中で現金やパスポート他すべてを盗まれてしまい、帰国手続きなどで結局二カ月の長旅になった。

旅にハプニングは付き物。最初の寄港地はネパールのカトマンズの予定だったのだが、何が原因かは忘れたが、生まれて初めて私が乗った飛行機は目的地を変更して、バングラデッシュのダッカに到着した。

そんな訳で入国手続きがややこしく、ようやく空港から出られたのは夜中近く。航空会社が用意したバスに乗り込み、ほっと一息ついて目をつむると、何やらバンバンと激しい音がする。何事かと車窓から見下ろすと、赤く照らされたライトに浮かんだのは、小さな赤ちゃんを抱いた女性だった。くたびれたサリーを骨と皮だけの痩せた体に巻き付け、ギョロっとした大きい目でしっかりと私を見つめている。彼女がバスの車体をバンバンと叩いていたのだ。

私が見下ろすと叩くのを止め、スッと手の平を差し出してくるではないか。異国から飛行機でやってきた「金持ち」に施しを求めているのである。若いのか老婆なのか分からないような彼女の異様に痩せた姿は、テレビの画面でしか見たことのない、飢餓に苦しむ最貧国の実物だった。

私はガイドブックか何かで読んだ、「施しはその人の為にならない」というよく分からない理屈を思い出し、とっさに手を小さく振って拒絶した。が、彼女はあきらめなかった。顔をそむけた私をなお振り向かせようと、再びバンバンと車体を叩き出したのだ。バブルぼけの日本から見学に来た青年は、おもむろにやってきたその体験に興奮し、これは地獄に来たのだ、と思った。

そのうちにバスの係りがやってきて、「チョロチョロ」と声を上げながら親子を追い払ってしまった。

翌日、航空会社が用意したホテルのフロントで、その日のフライトも欠航であることを確認した私は、はじめての異国を歩いてみることにした。

ホテルを一歩出ると、日本では経験のない強い臭いがした。最近の事情は知らないが、昔はアジアの町はたいていどこにいても、人の体臭と同じように「町臭」があって、異国はまず鼻から入ってきた。これに慣れると、日本の町はどこに行っても無味無臭で、清潔なのかもしれないが、同時につまらない感じもする。

歩き始めると、すぐにたむろしていた五、六人の子どもたちに目ざとく見つけられ、取り囲まれた。みんな一様に痩せてガリガリだ。すわ地獄の餓鬼か、と思ったのだが違和感がある。みんな手を出して物乞いをしてくるのだが、その顔が笑顔なのだ。全員が笑顔で施しを要求しながら付きまとってくる。楽しそうにキャーキャーと笑いながら、まだ小さな子どもは私を逃がさないように、シャツの裾やズボンを握っている。遊びと実益を兼ねて楽しんでいるようだ。物質文明先進国の人間が枠に入れたがるような悲惨さは感じられない。

私はいきなりの歓待にハイになりながらも「ノーマネー、ノーマネー」と拒否を続けた。やがて一人、また一人と脱落していき、最後は一〇歳ぐらいの女の子一人になった。

私が公園の一角に腰掛けると、その子もまた傍に寄り添って座り、大きな目で見上げてくる。私がそれまでの惰性で「ノーマネー、ハングリー」と言ってお腹をへこませ苦しそうな顔をすると、女の子が「ハングリー？」と聞き返して真剣な顔に変わった。そして自分の服のポケットに手を突っ込むと、何やら黒い豆のようなものを数個、摑みだしてきて、私に突きだした。「食べろ」というのである。ひとつもらって口の中に放り込んだ。炒った大豆に何かのスパイスを振りかけただけのような、お世辞にもおいしいとは言えない代物である。

私がたぶんヘンな顔をしていたのだろう。女の子はケラケラ笑って私に残りの豆を渡すと、スキップをしながらどこかへ行ってしまった。

その翌日には無事、カトマンズ行きの飛行機が出て、それから二カ月間、私はネパール、インド、タイと旅をした。もう三〇年も前の事で詳細は忘れてしまっているのだが、なにせ脳裏に残っているのは、行く先々での人々のエネルギッシュに生きる姿である。

一面的で決めつけた見方だとは思うが、私の訪れたアジアの人々の印象は、一言で言えばエネルギッシュだった。エネルギッシュを分解すると、まず積極的。人が正面からバンと飛び込んでくる。日本人ならば、何かの待合いですぐ隣に人がいても、言葉もなくいつまでも沈黙していられる（私もそれは嫌いではない）が、インド人ならばまず、ストレートに何の臆面もなく接触が始まる。それから声が大きい。強引で堂々としている。欲望や失望があからさまで笑ってしまうぐらいである。

最もインド的な映像として有名な、ガンジス川のほとりのベナレス（バラナシ）には二週間ほど滞在した。

気温は四〇度を軽く超えている。一泊三〇〇円ほどの安ホテルでは、水を浴びて拭かずにそのまま天井扇の下で大の字になり、気化熱で体を冷やしダラダラと過ごす。こういう場所では、何か生産的なことをサクサクとこなしていく、とは間違ってもならない。ただただ生きているだけ、というような、何やら自分が海中でユラユラとしている目的のわからない生物のような存在にならざるを得ない。

それでも朝夕の多少涼しい時間に外に出てみる。まっすぐに目的地に連れていかず、物売りのところに立ち寄ろうとする強引なリキシャ（人力車）には辟易としたが、やはり町が圧倒的に面白い。老若男女が次々と声をかけてきて、そのたびに新しい物語が始まる。ものすごいスピードで展開していくインド映画みたいなものだ。俗なものから聖なるものまでが混然となってめくるめく体験をさせてくれる。

まあ、もう三〇年も経っているので、私の頭の中の記憶が勝手に、ある意味ステレオタイプのイメージを作っているのかもしれない。

しかしその時、確かに感じていたのは「楽しい」ということだ。それは、自分の存在感をしっかりと実感できる楽しさだったような気がする。人が、町が、私という人間の存在にバーンと反応してくれている。それはもちろん私の財布の中身に対してだったりするのだろうが、そんなケチなものばかりではない。そこでは、人の生のために経済があるのであって、経済のために人の生があるのではない。あくまでも命が主役なのだ、という実感があった。

テレビでは悲惨な最貧国とレッテルを貼られ、我々「文明人」は、そうならないようにと、がむしゃらに働いているのだが、当の最貧国の実情は、私の生まれ育った日本よりもよほどエネルギッシュで、面白おかしかったのだ。それは一面的な見方だ、という非難は当たっているだろう。しかし私の紛れもない実感はそういうことだった。私はこの目で目撃したのだ。

無論、家族の生活を抱えて失業者になった経験のある私は経済成長を否定しない。できるはずがない。給料が増えれば希望もわくし元気になる。それは身に染みてよくわかっている。しかし同時に、それだけではないことを確信している。人は給料だけでは元気になれない。

人は、自分が人としてその存在を認められ、他者の存在を認め、キャッチボールをすることで元気になる。楽しくなる。だから最貧国であっても、エネルギッシュに人と人がひしめいているような環境は、元気が出るし楽しいのだ。

私の、元気とか楽しさをめぐる思索は、こんなインド体験からはじまったような気がする。

元気の泉はどこに湧くか

ここまで書いたところで私は東京に三日間出張に行ってきた。一年ぶりの東京である。

久しぶりの東京はエネルギッシュというよりは息苦しかった。仕事で訪れたネット通販のオフィスでは、広いフロアに整然と机が置かれ一〇〇人ぐらいの社員たちが一心にパソコンに向かっている。パーティションもない。私は見ただけで息苦しくなって、なぜパーティションが無いのかと聞くと、狭いからだという。狭すぎてパーティションや小さなゴミ箱を置くスペースもないのだ。上場企業とかなんとか華やかな表を装ってはいるが、その仕事現場には一〇センチの余裕もないというのである。

そして監視人のように全方位を見渡せる場所に上司の席があるので、みんな黙々と仕事をするしかない。昭和の縫製工場の映像みたいだ。デジタルブルーカラーという言葉が思い浮かんだ。もしくは社畜。彼ら一人一人は、直接話をすると十分に人間として魅力的だし、もちろん畜生などではない。しかし、経済効率を高めることだけが正義で、それ以外は負け犬のように評される大東京のこれが現実なのだ。

そのビルの外壁に添って、メンズファッションのテナントが、上手に商品のシャツを陳列していた。本来は通りに面したビルの一階の外壁なのだが、そこにシャツの肩幅ほどの窪みがあり、ショーウインドウにしているのだ。私はその工夫に一瞬、やるなーと感心したのだが、考えてみるとあまりにも窮屈だ。田舎からやってきた私から見ると、東京は経済効率ばかりを追い求めて、いよいよスペースがなくなり、煮詰まっているように見える。

ホテルや駅などの公共機関でよく見かけるようになったのは「壁面緑化」だ。地面の余裕が一〇センチも無いので、壁にグリーンを植栽してなんとか酸素を供給している。完全にSF映画の世界だ。こういう町で人が時々キレるのは理に適っている。正直、みんなよく生存しているなと思う。

そもそも土地が足りなくて、高層化するところからビョーキは始まっている気がする。

最終日に時間が余ったので、六本木ヒルズ五三階の森美術館に寄ってみた。二〇名の現代作家が展示されていたのだが、その中でトーンのよく似たいくつかの作品が印象に残った。まったく装飾の無い静かな映像で、おばあちゃんの語りを映し出したり、その動画に昔の日本の風景をコラージュしたりしている。なんだか、もう何もかもが嫌になって、すべてを塗りつぶしたところに、ぽっかりと心の原風景が浮かび上がっているかのように見える。都市化の一番先っぽの部屋の中で、一八〇〇円もの入場料を払って、田舎の牛の昭和時代の映像をみんなでじっと見つめているのだ。王様は裸じゃないけれども、これはビョーキじゃないか！　と誰かが喝破すべきだと思う。しかしそれをやると、また新しくキレたヤツとしか思われないだろうから、せめてこうして書いてみる。

こんな東京の中で「元気」はどこにあるのだろうか。元気そうに見える人たちは町にあふれているが、彼らは本当に元気なのだろうか。私が（勝手に）定義する元気は、誰かの価値観の押しつけでなく、自分で感じ、決め、自由に生きるということだ。自分自身という人間である前に消費者（消費畜？）として生かされ、常に企業の「購買層」としてつけ狙われる、そんな環境の中で流されず、自分本来の元気を作り出していく生き方は、いかにして可能なのだろうか。

現代はそもそも元気が出にくい時代である。これは私の実感だ。そんなことはない、という否定の声が聞こえてきそうだが、そういうことをいうのはたいていマッチョな人々だ。体がマッチョじゃなくても、脳みそがマッチョだったりして、もともと天然で元気な人だ。私は子どもの時は乗り物酔いがひどくて、修学旅行などバスの中でゲーゲー吐いて、旅行中ずっと青い顔をしていたのだが、そんな時でも、気持ちの分からない元気な連中は、平気で「乗り物酔いなんて気持ちの持ちようだ、お前は弱い」などと笑っていた気がする。時には先生も一緒になって。

だからいつの時でも「ポジティブ」な人たちはいる（この場合のポジティブは「厚かましい」という意味）。それはそれでいいけれど、だからと言って自分の「生きにくさ」の実感を自分で否定することはない。私は半世紀を生きてきてようやくわかってきたが、「実感」というのは捨てたもんじゃない。そこには自分にとっての真実のようなものが込められている場合が多い。

なぜ元気が出にくいのか。少し政治のことをからめて話してみたい。

初めて一八歳以上に選挙権が認められたのは二〇一六年の参議院選挙だったが、結果は過去最低の投票率。一八、一九歳の投票率も四五パーセントにとどまった。なるほどと思うのはその中身で、一八歳は注目されていることもあり、学校のプッシュで「行かなけりゃ」という意識があって全国的に五〇パーセントを超えたのだが、一九歳になったとたん誰からも働きかけがなかったのだろう、四〇パーセントを切っている。

私たちは普段の低投票率を知っているので、この若者の投票率にさほどの感慨はないが、これが日本の歴史上初めて認められた権利に対する答えだと考えると、異常に低い数値と言える気もする。未成年の投票は初めての「新奇なもの」なのだから、せめて初回だけでも一〇〇パーセントに近い投票率があってもおかしくないと思うのである。二回目は新鮮さがなくなって五割を切りました、とかならわかるが。

答えはシンプルで、今回初めて選挙権が認められた若者は「政治に関心が無かった」ということだ。

この低投票率に対し、著名な精神科医が新聞に寄稿していた記事を読んで納得した。単純化してしまうと、今の世の中あらゆるインフラが出来上がってしまっていて、若者は政治に対する関心が持てないのだという。まさに。私は今の若者の政治的無関心を説明するに、この数行で事足れりと思った。

若者の政治に対する無関心が嘆かれるのは今に始まったことではない。私は一九六六年生まれですでに五〇歳を越えたが、私の一〇、二〇代など、同世代は無関心、無気力の極みで、企業社会では我々より少し先輩からすでに「新人類」などと呼ばれ理解不能とされたのだ。

元気は、夢や希望や欲求があるところから生まれる。なので、いろんなものがすでに出来上がってしまっているところからは元気は出にくい。社会的なインフラや制度など、もちろん様々な局面で解決すべき問題はある、というか問題だらけなのだが、それでもやはり全体を見渡すと、なんとなく「できあがってしまっている感」がある。燃えるものがすぐには見当たらない。

これが百年以上前だったら、周りにはまだいくらでもわかりやすい「燃えるもの」が見つかったのではないだろうか。「みんなのために立派な道路を作るぞ」とか、「楽に旅ができるように自動車を開発するぞ」とか、「日本中、どこにいても話ができる機械を発明するぞ」とか。はたまた「日本に生まれた人はみんな、教育を受けられるようにするぞ」とか、

「選挙制度を作って民主主義の国にするぞ」とか、「燃えるもの」は、至る所に見つけやすかったに違いない。

それは思い出してみると、まだ私の小さかった頃でも、残っていた気がする。

兄弟ともに小学生の頃、兄が祖母を喜ばせるために、「ワイ大人になったら、おばあちゃんに一〇〇万円の車買って乗せてあげる」と言ったことを思い出す。それを聞いて私はブッ飛んだ。何とスケールの大きいことを言うのだろうと思った。そしてそんな兄のような夢を実現するためにはどうすればいいか考えを巡らせた。結論は、努力をして「社長」になること。それから心に火がついて、しばらくは必死に勉強をした。その努力も長続きはしなかったが、とにかく夢や希望というのは、そういう元気の噴出するものでなければいけない。

まあ今では「社長になるのが夢」なんていうと、ちょっとアタマの悪い感じもする。社長は「資本」を持っている者がなるもので、それ以外の社長は、資本家と社員の間で苦しんで、データを改ざんしたりする中間管理職でしかないことを知ってしまっているから、夢や希望にならない。そしてそれ以前に昏いのは、いくら努力をして高級車を買っても、半年もすれば喜びは色あせてしまうことを経験的に知ってしまっているので、これまた夢や希望とはなりえないし、そこから元気を汲み上げるのは難しい。

私には高校生の息子と大学生の娘がいて、彼らも日々、進路には悩んでいるようだ。それは若者の世の常と思ってあまり口出しをせずに見守っているのだが、もしかすると、私たちの若い時以上に彼らの悩みは深いかもしれない。なぜなら、世界はすでにだいたい出来上がっていて、単純に燃えるものが見つかりにくいからだ。

私も人並みに、「これからはＡＩとグローバリズムの時代だ。外国語とかプログラミングが大事だそうだから、そっち方面はどう」なんてアドバイスをしたりするのだが、当人たちにしてみれば、そんなことを言われたって「どうやって燃えればいいんだよ」ということだろう。無責任な話だ。

自分で作っていく元気

一方、今の若者たちは昔の若者に比べて、わりに生活には満足しているという調査結果もあるという。これに対して識者がいろいろと考察をしている。

いわく、今の若者は将来に希望が見いだせないので今を肯定するしかないのだ、とか。それらは総じて否定的なものだ。要するに大人たちは、今の若者が「わりに生活に満足している」ことに対してどこか、けしからん、と思っているのである。若者はもっと現状に不満を抱いて、将来に対してギラギラしていなければならぬ、というのである。自分たちや親、そのまた親たちは、暮らしを豊かにするために必死で働いてきた。なのに今の若者と来たらヤル気がない、ということなのだろう。

しかし、と私は思う。とりあえず私たちの肉体の苦労だけを物差しにすると、物質的にはもう十分に豊かになった、必要なモノはだいたい「完成」してはいまいか。いやいや新幹線では遅すぎる、やはりリニア新幹線でなければ、とホントにみんな思っているのか。そして技術者や経営者以外の一般国民がそんなことに夢やロマンを感じているのか。自分で運転せずとも勝手に運んでくれる自動車に、楽になっていいなあ、とみんな期待しているのか。ＡＩが料理をしたり話し相手をしてくれるという時代のテクノロジーに夢を抱いているのか。

私も興味くらいはあるけれど、それに対して「夢を感じろ」「燃えろ」と言われてもちょっときびしい。

いや私もテクノロジーは嫌いなほうじゃない。話題のドローンもいち早く手に入れて、動画を編集してユーチューブにアップしたりしている。ＲＰＧ（ロールプレイングゲーム）なども息子とワーワー盛り上がりながら楽しんでいる。テクノロジーを否定はしない。しかし、大きな時代の夢としてどうかと言われると、それでは何だかショボい気がするのだ。

経済新聞やテレビ番組はＡＩ時代の「経済成長＝夢」を懸命に語ってくれるし、私もそれに応えようと素直に見聞きしているのだが、どうも腹からの元気が出ない。近い将来、ＡＩに多くの仕事を奪われるよ、なんていうニュースばかりが目に付く。

リニア新幹線に乗って得られる感動など、もう今からアタマの中で想像できてしまう。カッコいいなあ、早いなあ、すごいなあって思ってそれで終わりだ。あっという間に日常に馴染んでいって、結果的に以前よりも忙しさが増すだけになるのは目に見えている。開業一カ月もすればまた、窓外の風景には一瞥もせずに膝の上のノートパソコンをパチパチと叩く死んだ目の出張サラリーマンたちで席が埋まるのだ。企業は出張を日帰りさせられるので喜ぶのかもしれないが。

脱線したが言いたいことはこうだ。つまり今の若者が「わりに生活に満足している」のだとしたら、それはとても自然なことで、大人たちは素直に喜べばいいじゃないか、ということ。だって、子どもたちのために必死にがんばってきたのだから、彼らが満足してくれたらそれでいいではないか。私たちはもうそろそろ、物質的には豊かになったことを認め観念すべき時にきているのだと思う。

しかしまあそれはそれとして、だから元気の源の「燃えるもの」が無くてもいいとはならない。燃えるものはどこにあるのか。命がけで探さなければならない。なぜなら、私たちは元気がなければ死にたくなってしまうのだから。「わりに生活に満足しているけれども元気はない」なんてイヤだ。

要するに現代社会では、物質的にギラギラと燃えるようなものを探すのは、いくら大人たちに説得されても難しいものは難しい。草食系とけなされようと、草食系には草食系の燃える人生があってもいいし、それこそが、これから創造が求められる価値観なのだ。

物質的豊かさとは違う「燃えるもの」とは何か。

いろいろあると思う。いくらでもある。例えば人間の関係性や社会や政治のあり方。マッチョでエネルギッシュな人間だけが勝ち組になるような乾いた価値観を変えていく変革。今風の言葉で括るとすれば「ソーシャル」ということになるだろうか。

経済成長だけを神とし、行き過ぎた資本主義の陰で様々な深刻な問題が起こっている。そしてそれは今後、ますます顕在化してくる。私が現在、取り組んでいる「買い物難民問題」などはその典型で分かりやすいものだが、他にもありとあらゆる社会問題が噴出している。世界に目を向ければ目がくらむぐらい問題だらけだ。

問題は解決を待っている。例えばこれらの「社会問題を解決する」ということに燃えてみるのはどうだろうか。私はかつて、地元を流れる吉野川に可動堰というダムを造る計画、いわゆるダム問題に燃えてのめり込み、それまでの仕事を辞めて市議会議員になった。人生が大きく変わってしまった。しかし生活は厳しかったが、振り返ると、やはり燃える日々というのは楽しかった記憶として残っている。

ソーシャルへの関心では食べていけない、という反論があるかもしれないが、とりあえず私だけのことを言うと何とかなっている。市議会議員は県庁所在地ぐらいの市であれば良い報酬がもらえるし、今の移動スーパーの仕事でも不足無く生活をしている。

ただ、では「社会問題の解決」で食べていくための道がどこかに用意されているのかというとそれはない。何かのミッションを持った公的機関に就職するという手もあるだろうが狭い門だ。自分で作っていくしかない。

ただ確かにリスクはあるが、その「自分で作っていくしかない」というところには、そこにしかない大きな喜びがある。誰かが作ってくれた道では味わうことのできない、大きな納得感や満足感が確かにあるのだ。

蛇足だが、物質的豊かさとは違う元気創出の方法として、ぜひとも伝えておきたいのは肉体と自然だ。都市生活のストレスに疲れたり、世界情勢に絶望した人は、ちょっと休んで自然に目を向けたらいい。私の場合は海だ。夏には毎週のように海に入る。時には波に乗り、時にはシュノーケリングで海の底を観察する。

そこにあるのは自分のアタマの中と違う世界だ。都市生活も世界情勢もすべては言語化、情報化されている。これらはつまり我々のアタマの中の出来事だ。アタマの器は小さいので、すぐに一杯になって溢れ出してアップアップする。消化できずに自家中毒になってキレたり、ウツになったりする。しかし自然に一歩足を踏み入れると、そこには外の世界が開けている。小さな波であっても、力強く背中を押してくれるこのエネルギーは何なのか。理屈じゃない、仕事じゃない、義務でもない、支払いやお礼の言葉も必要ない。ただただ無償で提供してくれる自然からのエネルギーだ。そんな神秘のエネルギーに揉まれて、私たちの心身は洗われる。

少しの練習は必要である。自然は人間に合わせてはくれない。自然の懐の中で、そのエネルギーの一端で遊ばせてもらうのだからそれなりの準備は必要だ。だが、そこには物質的豊かさとは違う、命そのものに対する充足がある。

繰り返すが、私は物質的豊かさを否定しない。モノもある程度は欲しいし必要だ。しかしそれだけでは元気が出ないのである。ある程度満たされたら、あとは消費を繰り返してもどこか虚しいし面白くない。ほかに燃えるものが必要なのだ。

突破口を開く歩き論

歩く覚悟を決める

二〇一三年秋。私は背中に重圧を背負って徳島の田園風景の中を歩いていた。

重圧というのは、前年の二〇一二年に始まった移動スーパーという事業が、果たしてうまくいくのかというプレッシャーと当時のストレスフルな人間関係、挫折した過去、そして家族の生活や自分の将来といったものの複合体だ。四〇代も後半という年齢もあるかも

しれない。毎日、お客さんを探して一軒一軒歩くのだが、気持ちはずっしりと重たい。心の中に次々とネガティブなイメージが湧き上がってきて、ついには田んぼの畦に座り込んでしまいたくなる。

心が晴れない。ウツというのはこんな状態のことなのか、いやいや、ここで負けてしまったら本当の病になってしまって起き上がれなくなるぞ、と自分に言い聞かせ、また一歩一歩前へ進む。

すべてを放り出してしまおうか、という考えがアタマをかすめる。「どん底」という言葉がブーメランになって還ってくる。いや、歩くしかない、前へ進むしかない、とまた自分に言い聞かせる。歩きながら私は自問自答を繰り返していた。

考えてみると、私はずっと歩き続ける人生を歩んでいるのだ。若い頃の旅はもちろん歩きだったが、私が市議会議員になるきっかけになった吉野川住民投票の署名集めでもずいぶん歩いた。仲間たちと来る日も来る日も歩き、人と出会い話し署名をもらう。徳島市民の半数に当たる一〇万人分もの署名を集めたのだから、なかなかすさまじい歩きの量だ。もちろん私一人でなく受任者と言われる市民みんなの「歩き」の結晶である。行政でなく普通の一般市民が一〇万人分もの、しかも直筆押印という手間のかかる署名を集める方法は「歩き」の他にないのだ。このテクノロジーとインターネットの発達した時代に、歩くしか方法がないというのだからおかしなものだ。

そしてその住民投票が議会で否決されたのち、私は市議会議員に立候補し、選挙で歩いた。いくら立候補の大義があるとはいえ、地方議員選挙というのは、「あいさつ回り」が欠かせない重要な活動になる。「ドブ板選挙」というヤツだ。ドブ板というのはその名の通り側溝のフタのことだが、要するに路地裏の奥の一軒一軒までドブ板を踏みしめながら、しらみつぶしに歩いて挨拶をするのである。

その際、長々と政策の説明などしていられない。今度の選挙に立候補を予定しているのでよろしく、という意味の挨拶まわりである。厳密に言うと、公選法で立候補前の選挙運動はできないので、この時点で「私に票を入れてください」と言ってはいけない。これをすると事前運動として厳しく取り締まりを受けることになる。なのでただひたすらに「よろしく」と挨拶をして回るのである。これが日本では慣習として根付いているので、阿吽の呼吸で受入れられてはいるが、考えてみるとずいぶん奇妙だ。知らない人が突然、家を訪ねてきて意味不明の挨拶をして去っていくのである。不思議な慣習だが、これが日本の選挙の日常的な光景なのである。

ちなみにこの挨拶回りで相手の反応はどうかというと、半分ぐらいの人が「頑張ってください」と言ってくれる。ただ、こう言ってくれた人が自分に投票してくれると思ったら大間違いだ。集計したら一〇倍ぐらいの票になるはずなのだがそうはならない。「頑張ってください」は「こんにちは」という挨拶と同じくらいの意味なのである。

そんな自分自身の選挙を四回、他にも仲間の地方議員や市長選挙、知事選挙、国政選挙など、議員になったら年がら年中選挙だらけで、その都度、謎の挨拶回りで、ひたすら歩きまわっているのである。

話を田んぼの畦に戻そう。

そんな、そもそも歩く人生の私なのだが、移動スーパーの事業をはじめてからは、これが連日ほぼ四〜五時間なのである。毎日毎日、住宅地図を見ながら一軒ずつ玄関のインターフォンを押し、買い物に困っていませんか、と聞きながら歩くのだ。選挙の場合は、そうは言っても期間限定である。投票日というゴールが見えている。が、この仕事は先が見えない。

まあ歩くことそのものには別に慣れているので、肉体的にさほど苦痛というわけではないのだが、問題はその精神的重圧だ。

その日も心の中で苦しい苦しいと喘ぎながらも、お客さん向けの笑顔を絶やさずに歩いていたのだが、ある時ふいに、何か悔しさのような感情が込み上げてきた。

自分が苦しんでいることが悔しいと思った。なぜ苦しいのか。それは心のどこかで逃げ道を探しているからかもしれない、と思った。そしてなぜかふと「中央突破」という言葉が思い浮かんできたのである。折しも、キックの前に不思議なポーズをする五郎丸というヒーローの登場で、ラグビーが盛り上がっていた時である。「こうなったら中央突破してやる」という言葉が突然、ひらめきのようにアタマの中に湧いてきたのだ。

この場合の中央突破とは何か。その答えは「歩く覚悟を決める」ということだった。自分はどうせ歩く人生なんだから、こうなったら七〇歳まで歩いてやる、と心に決めた（年齢が微妙に現実的だが）。重圧だろうがなんだろうが、すべて背負い込んでとにかく前に進んでやろう、と思った。今考えるとその時、心の苦しみが底を打ったのかもしれない。そして私は稲の穂が色づき始めた田んぼの畦に立ち、タブレットのメモアプリに「中央突破をめざす」と打ちこんだ。

それからも相変わらず苦しい歩きは続いたのだが、どこかで心構えが変わった。こういうのを「覚悟が定まった」とでも言うのだろうか。昔から、覚悟という言葉の意味がよく分からなかったが、この時からなんとなくその感覚をつかめたような気がする。

覚悟を決めると何が変わるのか。向いている方向が変わる。それまで内側や過去にばかり向いていた意識が外に向かって、未来に向かって、今現在に向かっていくようになる。

アメリカの哲学者エマーソンは、「希望は、底の深い海の上でなければ決してその翼をひろげない」と言ったとか。苦しみがあるから喜びがある。絶望があるから希望がある。世界はそういう風にできている。神様は本当にケチで、努力なしの幸せは与えないと決めているようなのだ。

まあそれ以降も相変わらず、ずっと私は歩いている。歩く人生だ。私の「歩く」は文字通り、歩いて人の家を訪ねるという意味である。選挙の時から考えてみると、少なく見積もっても五万軒以上、人の家のピンポンを押しながらひたすら歩いてきた。歩く覚悟を決めてからもう六年目になる。で、今はどうなのかというと、実は今はほとんど苦しいとは思わなくなった。この間、移動スーパーの事業が軌道に乗り始め、独立して自分の会社を立ち上げた。たぶん「重荷」の重さはさほど変わってない、というか以前に増して重くなっている気もするが、それに耐える心の筋肉がついてきたのかもしれない。

ひたすら歩く日々

ここでしばらく、私の歩き現場の実況中継として、これまでブログに書きつけてきたものから抜粋してみたい。移動スーパーのお客様（買い物難民）探しの日々である。

○月○日土成町を歩く

今日は土成町を歩いた。吉野川の広大な扇状地の河口から二〇キロほど遡り、北岸に位置する一帯である。扇状地の高くなっている方に暮らす人たちは、坂はなだらかなので、下りは自転車であれば一〇分ぐらい漕がなくて済む。鼻歌を歌いながら自転車にまたがっていれば、三〜四キロ離れたスーパーまで勝手に進んでくれる。

が、逆に帰りはヒルクライミングだ。ペダルには常に負荷がかかって重く、さらにどっさりと買い物の荷物がのしかかる。たいていは自転車を押して上る。途中で何度も休憩をして、家に辿り着くまで一時間ぐらいかかる。重労働だ。若いうちはいいが、高齢になってきてあちこち痛くなってきたら大変だ。

こんな土地なので、私の歩きもじんわりとキツい。しかし、こういう所にこそ移動スーパーの出番があるのだ。

六〇軒ほど歩いて出会った訪問希望のお家は二軒。一軒は九〇歳オーバーぐらいのご夫婦で「移動スーパーに来てほしいと思ってたけど、よう電話せんかった」とのこと。新しいものにアクセスするのは誰でも勇気のいるものだ。必要性があっても躊躇している人も多い。こういうおばあちゃんには、いくらこちらがSNSやメディアを使って宣伝しても出会えない。やはり歩くしかないのだ。

○月○日脇町を歩く

移動スーパー県内一八号車の開業に向けて、販売パートナーのHさんと脇町を歩く。いよいよ徳島県の中でも西部に入ってきた。吉野川の扇状地もだんだん狭まってきて山が近い。脇町は吉野川中流域の中心地で、往年は賑わっていた町である。今でも、時代劇のセットみたいな「うだつ」のある家並みが残っていて観光客が訪れている。町の中心にある「オデオン座」という昭和レトロな映画館は、山田洋次監督の映画『虹をつかむ男』のロケ地にもなっていて、昔の風景を色濃く残した風情のある町である。

Hさんは四〇代肉体派のタフガイ。長年、軽運送業で鍛えてきている。が、買い物に困っているお客様探しなどはもちろん初めてだ。そこで初めての歩きは、まずはレクチャーからはじまる。お客さんにいかにアプローチをしていくのか、スーパーの休憩室を借りて、じっくりと話をする。買い物に困っている人を見つけ、移動スーパーのお客さんになってもらうという単純な話だが、長年、歩き続けているのでそれなりにノウハウも語れるようになっているのだ。座学が終わると、同行して自分の歩き方を見てもらう。次に実際にやってもらい後からついていってアドバイスをする。

予測はまったく未知数だったが、意外にたくさんの訪問希望があってホッとした。この地区はみんな表情が明るい。三時間の歩きでアタリが九軒ほどあった。上出来だ。Hさんも充実した顔でまずは良かった。

○月○日新宿を歩く

移動スーパーのお客さん探しは、住宅地図を見ながら一軒一軒歩くことからはじまるのだが、そこに「等高線」は示されていないので高低差を読み取ることができない。住宅地図は鳥の目で上から見ているだけなのだ。なので一見、住宅が集まっていて効率が良さそうに見えるところでも、現地に行ってみたら激しく高低差のある地形で、隣の家に行くのに山登りのような場所がある。

これは田舎に限らない。先日来、東京の移動スーパー開業のお手伝いで新宿を歩いているのだが、ここでも同じだった。こんな大都会でも、幹線道路を一歩入ったところにある住宅地は、実は坂や階段などでアップダウンがかなり激しいところがある。なので地図上では近くにスーパーがあっても、実際にはけっこうキツい道のりだったりするのである。

新宿を歩いて私が一つ発見したのは、地図というのは実はクシャクシャにシワになっていて、それをパンと伸ばして見なければ実際に歩く距離は分からないということだ。シワというのが高低差である。隣の家だと思っても、現地では階段を上がって下がって息が切れるような場所がたくさんあるのである。

そういう風に見れば、東京というのは地図上の面積は狭いが、移動距離で言うと実際はそうとう広い。土地が超・高度利用（および地下利用）されているからだ。床面積でいえばひょっとすると四国四県より大きいかもしれない。

田舎の場合は、人工の環境でなく自然そのままの高低差である。自然なのでエスカレーターやエレベーターはない。歩くしかない。ということで、買い物に困っている人にアクセスするのは、こちらもなかなか大変なのである。

○月○日脇町の旧道を歩く

脇町の旧道を歩く。梅雨の合間の晴れ。

歩いていて出会う人たちによく「移動スーパーめずらしいね、山の方に行ったら喜ばれるよ」と言われる。行商イコール過疎地というイメージがよほど浸透しているのだろう。だけど今の買い物難民問題というのは、近くにスーパーがないというだけでなく、単身高齢者世帯が増えていることに起因している。そして「車に乗るかどうか」だ。車に乗る人だったら一キロは目と鼻の先のように感じるが、足や腰が痛い高齢者が徒歩で行くにはキツい。しかも買い物帰りは大きく重たい荷物を持っているのだからよけいだ。

今日、歩いた町は、五〇〇メートルぐらい先にスーパーの看板が見えている古い家の連なる旧道だ。ちょっとスーパーまで近すぎるかな、と思って歩いていたのだが、最高に喜んでくれるおばあちゃんと出会うことができた。

お歳は八四歳。腰を痛めているので長くは歩けない。旦那さんが亡くなってから一人で暮らしているというが、子どもたちはみんな県外なので頼ることもできず買い物は二週間に一度。何回も道端に座り込んで休みながら、歩いてスーパーに行き、帰りは荷物があるのでタクシーにのる。魚も肉も少しずつ切り分けて冷凍しているらしい。「おとうさんが生きとるうちに私も免許取ったらよかったんやけどなあ」というが、車の運転も高齢になったらリスクが大きい。そこで、来月から移動スーパーで回ってくることを約束したらすごく喜んでくれて、みるみる明るい顔に変わった。

歩くのは大変だけど、こんなおばあちゃんの笑顔が疲れを癒してくれる。


〇月〇日脇町を登る（?）

脇町歩きも佳境に入ってきた。これまで、徳島県内で一七台の移動スーパーを開拓してきたが、これだけディープな山間部に踏み込むのは初めてである。ふつうは住宅地図を見て、これまでの経験から訪問可能な距離を予測する。もうベテランなので、だいたいピタッと収まるのだが脇町おそるべし。ずっと山の奥にまでダラダラとどこまでも家が点在している。

買物難民救済のミッションからすると、ここで切るには忍びないし、売上げの期待から言っても微妙に捨てがたい家の数である。そこでズンズンと山深くにまで足を踏み込んでいくのだが、気がついたらもう「歩き」というより「山登り」である。

町中と違って一軒ずつ車で移動し、止められるところを探してそこから歩きで坂道を登っていくので効率はすこぶる悪い。「もうここまでにするか、これ以上行くとヤバいな……」という考えがアタマをかすめる。

だけどやはりいるのである。本当に買い物に困っている人が。

出会ったのは七〇代ぐらいの娘さんと九〇代ぐらいのお母さんの母娘。私が「買い物に不便されてないですか？」と聞くと、娘さんが「まあなんとかやっとる」という。しかし見たところ、お屋敷には車は無いし出入りしている轍の跡もない。乗り物らしきものは、何年も乗ってない感じの錆びた自転車が納屋の前に放り出されているだけだ。

さらに踏み込んで聞いてみる。

「お買い物はどうやって行ってるんですか」

「歩いていけるけんなあ」

「え、歩いてどれぐらいかかりますか」

「店まで一時間半やなあ」

「帰りも歩いて？」

「帰りは荷物が重いけん大変じゃ、ハハハ」

親子で明るく笑っているが、歩いて一時間半のそのほとんどが山道である。ちょっと信じられないが、現代でもこれぐらい辛抱強い人たちがいるのである。そこで移動スーパーを勧めると、「これはええな、来てもらおか」ということになった。

こんな感じなのでなかなか割り切ることができず、さらに奥へとズブズブはまり込んでいく。山はまだまだ深い。どうしよう。「お前たちのミッションはどこまでだ、標高何メートルまでだ、それより奥は見捨てるのか」と山に試されている。ミッションと効率性のせめぎ合いが続く。

○月○日阿波町を歩く

霧雨の中、吉野川中流域を象徴する岩津の吊り橋を近くに見ながら、阿波町の古い元藍商家が立ち並ぶ一帯を歩く。お客様（買い物難民）には、時には一日中歩いて一人も出会えない日もあるが、今日のように手を取り合い、涙を流して喜びあえるような祝福された日もある。

そこは土手下の古い家で、インターフォンはなく、玄関の引き戸に「猫が出るので注意して開けてください」と張り紙がしてあった。私が少しだけ開けて家の中に声をかけると、奥の方から「はーい、ちょっと待って」という、ようやく聞き取れるような、か細い声がした。二、三分も待っただろうか、たぶん体が良くないのだろう、まだ出てこられない。

そこで私が「ここから大きな声で話しますからそのままでもいいですよー」と声をかけたのだが、「待ってね」という声とともに、ゴソゴソ少しずつ玄関に向かってきてくれる気配がする。そして襖が開いて猫とともに顔を見せてくれたのは七〇代後半ぐらいの女性。

私を見るなり「あー、来てほしかったんよー、うれしいわー」と歓喜の声をあげてくれた。

私のつけているエプロンの移動スーパーのロゴマークが目に入って、来訪の目的を一目で理解してくれたらしい。聞くと病気で家から出られず、「買い物が一番大好き」なのに、ヘルパーさんに頼むだけで自分が見て買えないことを日々嘆いていたのだという。そしてテレビで取り上げられた我々の移動スーパーの存在を知って待ち望んでいたとのこと。

当てもなく一日中歩くのは苦行僧のような仕事だが、こういう人に出会えると一瞬で疲れも吹き飛んでハッピーな気持ちになれる。これが仕事の喜びというものなのだろう。

○月○日桑野町を歩く

我々のお客様探しの中でも厳しい仕事のひとつが「ルス歩き」である。最初に歩いた地域の、留守で会えなかった家を再び訪問するのだ。これは、家と家が離れているのですこぶる効率が悪く、しかも最初に留守だったということは二回目も留守の確率が高いので、落穂ひろいのような地道な仕事になる。自分の時間と得られた効果の比較、費用対効果がアタマをかすめつつも「買い物難民を救う」というミッションを考えると省けない。そして、やはりうれしい出会いがある。

今日は朝から阿南市桑野町をルス歩きで四時間歩いて空振りと思った矢先、八〇代ぐらいの一人暮らしのおばあちゃんと出会うことができた。人から噂で聞いた我々の移動スーパーに来てほしいと思っていたそうだ。お互いに喜び合いながら来週から定期的に訪問する約束をした。

そして玄関を出てから立ち止まって住宅地図にメモを書き込んでいると、家の中からさっきのおばあちゃんがどこかに電話をしている声がする。

「もしもし○○ちゃん？……わたしや。さっき男の人が来てな、移動スーパーが来てくれることになったんよ。良かったわー」

子どもさんかお友達とでも話しているのだろう。こちらも胸の中がほっこりと暖かくなる。こんな感じなので苦行のようなルス歩きだがやっぱりやるしかない。

しかし住宅地図では隣同士の家だが、現場に行けばきついアップダウンがある。とにかく足が鍛えられる仕事だ。

〇月〇日昭和町を歩く
和歌山から研修で来ている皆さんを連れて開拓歩き。サウナのような蒸し暑さの中、スーパーから三〇〇メートル程しか離れていない住宅地を歩く。古い家もあるが比較的新しい家が多い。

「こんなにスーパーから近いとこに、買い物難民の人っているんですかねえ」

研修のIさんは明らかに疑っている。その気持ちは分かる。たしかに歩き始めてからの反応も良くない。「移動スーパー？ 店がこんな近いのに？」「この辺は困っている人はおらんよ。もっと山の方へ行かなあかんよ」「ここは若い人ばっかりやから。お年寄りはおらんよ」。中には嘲るような薄ら笑いを浮かべている人もいる。

そんな具合で研修のIさん、ますます怪訝な顔になってきた。私も若干弱気になる。が、坦々と歩くこと二時間。たどり着いた古い大きなお屋敷のピンポンを鳴らす。すると庭に面した網戸が少し開き「どなたさんで?」と、おばあちゃんの声が聞こえた。そこで入り込んで行ってチラシを見せると「うわー、これこれ、これを待っとったんよ。四月に腰、手術して買い物行けんかったけん助かるわー」と大喜びしてくれた。研修のIさんも一緒になって小躍りして喜んでいる。さらに隣の家と前の家の計三軒が来てほしいと言ってくれた。一カ所で三軒が集まる効率の良いスポットになりそうだ。

やはり自分を信じて歩き続けることが大事なのである。

夜。息子が部活の試合で負けて落ち込んでいる。ここはひとつと声をかけた。

「息子よ、大切なのは自分を信じること。自分を信じて何度でも挑戦することやで」

そこで息子がしらけた顔で一言「マンガのセリフみたいやなあ」。

以上、日々のブログからの抜粋である。私の「歩き」の空気を感じていただけただろうか。決してスマートではない。日々、迷ったり悩んだりしながらも重い足をひきずって、なんとか一歩ずつ前へ進んでいるという感じなのである。

しかしそんな歩く日々の中で私は、実はこの地道な活動の中にこそ、現実を切り開いていくヒントが隠されているのではないかと考え始めたのである。

答えは歩くこと

私の中で歩きは、そのまま「現場」であり、また「経験」である。そして大げさかもしれないが、私はこの「歩き＝現場＝経験」が、小さな意味から大きな意味まで、あらゆる絶望的な状況を突破するカギではないかと思っているのだ。

小さな意味から話そう。

今、「買い物難民問題」は、流通業界で大きな課題になっている。この社会問題は、業界側の目線で見ると、自分たちの商品をお客さんに届けられない、売れないという「チャンスロス」の問題になる。どうすれば、買い物難民と言われる店に来られないお客さんにアクセスすることができるか、それが超高齢社会に対面する流通業界の喫緊の課題なのだ。

若い人はほとんどネットで事足りる。ネット通販はスマホの普及で今や誰もが普通に使う買い物のチャンネルになっている。しかし七〇代以上の人は、ほぼネットは使えないし使わない。こういう高齢者にどうアクセスするのかという問題である。

これに対し、大手企業も決定打がなく試行錯誤している。よく見られるのがＩＴを駆使したものだ。高齢者でも操作できるアプリを開発し、注文しやすくする、などという解決方法である。しかしこういう手法はコストばかりが大きくなり、あまりうまくいった試しがない。

これに対する私の答えは「歩く」ということである。文字通り、自分たちの足で地域を一軒一軒歩き、一人ずつお客さんを探してくるというのが実は一番の近道なのだ。

私たちも、移動スーパーの事業を始めた当初は、どうにかして一気にお客さん情報を集めることができないかと苦心した。極端な話、役所に「買い物難民リスト」があって、それをもらえれば事足りるのではないかと考えたりもした。が、当然そんなものは無かった。さらに町内会長や民生委員さんにヒアリングをしたりしたが、あいまいな情報しか集まらず、現実にお客さんを摑むことはできなかった。

そこでいよいよ観念して、住宅地図を一軒一軒つぶしながら歩き始めたのだが、結局これしか方法が無いということに気がついた。

例えば、高齢で自動車を持たず一人暮らしの人だから、という情報だけで訪ねていってもほとんどお客さんにはならない。人にはそれぞれの都合というものがあるし、お互いの相性もある。その人を取り巻く条件は日々変わっていくし、たまたまその日の気分もある。「客観的な情報」だけでお客さんを見つけられるほど商売は甘くはないのだ。

ところが、やはり一軒ずつ訪ね、家の臭いを嗅ぎ、玄関に並べられた靴をチェックし、壁に掛けられた孫の入学式の写真を目の端でとらえ、おばあちゃんの顔のシワの動きを観察しながら話をすれば、そこで入ってくる情報量は圧倒的に違う。そこには、最新の人工知能技術でもとらえきれない森羅万象のおばあちゃんの世界が広がっている。つまり生の人間に対して、システムが摑んでいる情報なんてほんとうに知れたモノなのだ。

そしてその世界の一端にお邪魔をして話をさせてもらう中から、少しずつ確かなお客さんが見つかってくるのである。将棋や囲碁の世界では名人もＡＩに負けるかもしれないが、「買い物に困っているお客さん探し」では、まだまだ我々の方が圧倒的に有利だという形勢は変わらないだろう。ＡＩ側からの挑戦があれば受けて立ってもいい。

なので、私は流通系の新聞などで、大手企業が買い物難民対策に、ＩＴだのドローンだのと汲々と苦心している様を見てなんだか滑稽に思えてしまう。企画会議に乗り込んでいって教えてあげたい。その答えは「歩くこと」だと。

次に大きな意味を考えてみたい。

戦後を代表する言論人の一人である藤田省三は、その著書の中で「経験の消滅」への危機を訴えている。藤田の言う「経験」とは、思うままにならない事物と遭遇し、コミュニケーションを通して行き詰まりを打開していく過程そのもののことを指す。この現実との摩擦、次々とやってくる人生の課題を避ける時、人は自分を閉ざし、やがて「すべてを支配できるという幻想」に向かうのだという。

ここで私は一九九五年のオウム真理教事件を想起する。オウム真理教はあの地下鉄サリン事件を起こす数年前に衆議院選挙に出馬し、奇妙な選挙運動の結果、惨敗している。その運動がいくら歌や踊りの奇妙なものであっても、選挙というのは公職選挙法という現実の中での取り組みである。思うようにいかない現実を、「票集め」という苦労をしてでも変えてやろうという積極的行動であり、そこにはしっかりとした「経験」がある。自分たちが心から信じている行動が、世間からは笑われるようなものであるという現実に直面するのは苦しいだろう。しかしその苦しみという経験につながる試行錯誤の先にしか、現実を突破し変えていく充実や喜びはない。

ところがオウム真理教は落選後、「選挙に不正があった」と主張した。自分たちの力不足という現実を受け入れるのを避けた。この主張の真偽は知らないが、ここで本来ならばお決まりの「私の不徳の致すところ」という言葉とともに、現実を変えられなかった痛みや無力感をいったんは享受しなければならなかったのだ。そしてそこから再出発をする。それが経験というものである。

その経験を拒否するということが、外の世界との回路を断つことになる。テロというのは幻想だ。地下鉄にサリンを撒いても、世界は自分の言うことを聞いてはくれない。幻想ではなく、正面からリアリティに立ち向かい困難を乗り越える時、自分の世界は少しだけ拡大するのである。

そこで「歩き」は、何よりも大切な現場のリアリティをもたらしてくれる。例えば先のブログに登場する土成町、脇町、阿波町……などという地名。いずれも以前には、幹線道路を車で通り過ぎるだけの土地だったが、買い物難民を探すというミッションのおかげで私は全域を歩いた。

一軒一軒、住宅地図をつぶしながら歩くのだからおのずと町の隅々まで知ることになる。風景だけでなく、人と話をしながら歩くのでその地域の空気がよくわかる。そうするうちにそれまでは血の通わないただの「地名」でしかなかった場所に、自分と同じように人が暮らしているのを実感として知ることになる。そしてしまいには、地名を聞いただけで裏の路地の風景から住んでいる人の顔まで浮かんでくるようになるのだ。

新聞の死亡欄（地方新聞には一般市民の死亡欄がある）や文化面、テレビニュースなど、それまで自分の住んでいる町以外のことはほとんど目に入らなかったが、気にするエリアがグンと拡がった。遠く離れた町の記事でもつい目がいってしまう。うれしいニュースや悲しいニュースに一喜一憂してしまう。○○町の中学校のソフトボール部が県大会で優勝しても何も思わなかったけれど、「あのおばあちゃんの孫がピッチャー」と知っていれば思わず歓喜の声をあげてしまったりする。

つぶさに歩くことによって、そこに人が住んでいるということをリアルに感じるようになったのだ。こういう経験を何年もしていると、しまいには歩いていない町の見方も変わってくる。車で通り過ぎるだけの町でも、そこに息づく人の暮らしがあることに気付いている自分がいる。どこに行っても自分と同じような人間が、同じように日々暮らしているのだ。「思いやり」とは、なにも慈愛に満ちた高尚な精神でなくても、こういう自然な感情のことを言うのかもしれない。

一方で、そんな共感からくる思いやりを一切排除したのが戦争でありテロだ。国際関係や政治がどうあろうが、戦争やテロのリアルは、爆弾が飛んできて人間が傷つき、死ぬということだ。現場ではニュース映像には映っていない血がいっぱい出ている。そしてその傷ついた人間は誰かの家族なのだ。だけど我々は、それは遠い国のことで、そこに同じような暮らしがあるということを頭では分かっていても実感として感じていない。徳島市の大空襲でも私は現在そこで暮らしているが、すべてが焼けてしまった焦土の写真しか見たことが無い。血の流れる現場を見ていないので、年寄りの話を聞いてもどこか他人事のように感じる。

ましてやその国が遠ければ遠いほど痛みを感じることは少ない。情報の遠さも同じだ。北朝鮮など考えてみたら徳島から東京ぐらいの距離にあるのである。そこにはやはり人がいて家族があって日常の会話があってそれぞれ人生のストーリーがあるはずだ。しかし私たちは映像から流れてくる北朝鮮しか知らないので、そこで暮らす人々に対して決定的にリアリティに欠けている。リアリティがなければ思いやりも生まれない。ゲームと変わらない感覚で「やっつけてしまえ」と言えるようになってしまう。

しかし「戦争とは何か」と問われれば、それは巨大な「痛い」「悲しい」という動詞なのではないだろうか。「痛み」や「悲しみ」という冷静に語れる名詞の中にそのリアルは無いだろう。私は数日前に、駐車場で転んで両膝を激しく擦りむき、血まみれになって深夜の中央病院に駆け込んだ。家族も心配してくれた。たったこれだけでもずいぶん痛いし惨めな気持ちになったが、戦場の「痛い」「悲しい」は一体どのくらいのものだろう。子どもが大けがをしても駆け込む病院すらないのだ。

私は、今の世界の不安を作った大きな要因の一つは、9・11テロに対するイラク戦争だったと思っている。ブッシュ大統領がバグダッドの町を一日でも一人で歩いたことがあったなら、一人でもバグダッドに友だちがいたなら、はたして開戦ができたのだろうか、と思ってみたりする。机上の情報だけで議論することに問題があるのだ。情報はあくまでも情報で現実ではない。現実は現場にある。いくら詳細なレポートや動画でも、現場の臭いやデコボコ、スケール感や生活のリアリティは伝わってこない。いつだって「情報」には「情報」しか盛り込まれていないのだ。人類はそんな乏しい情報を元に議論し、決断し、とんでもない戦争を繰り返してきた。

この際、沖縄についても少し触れておきたい。私はそもそも沖縄問題に何の関心も無かった。沖縄問題についての報道を見聞きしても、とくに心は動かなかった。そんな私だったが、二〇〇〇年の吉野川住民投票が成功したのを受けて、名護市のヘリ基地反対協議会の講演に呼んでもらったのをきっかけに意識が変わった。

まず辺野古の自然を見た。海が圧倒的に美しい。写メやユーチューブにはとても写り込まない全身に込み上げてくる感動があった（当時ユーチューブはなかったが）。この海を戦争のために埋める……それは理屈抜きに、してはいけないことだと五感が理解した。

それからテントでがんばっているお年寄りたちと話をした。沖縄では「おじい」「おばあ」という。彼らは多くを語らなかったが、その存在だけで何か圧倒的な説得力をもっていた。魂に刻まれた深く強い思いを感じた。

その思いを知るために沖縄戦のこと、中でも爆弾の雨の降る陸上の戦地に駆り出された女子高生たちのことを調べた。ガマと呼ばれる遺構にも行ってみた。それは目をそむけたくなるものだった。正視したら人間の愚かさに絶望してしまいそうになる。そんな沖縄の人たちの経験を思いやれば、米軍基地を押し付けているというだけで、彼らはいまだに踏みにじられている、ということに気づく。

国は国際関係という大きな話を楯に、自分たちの方が正しいとハラスメントな主張をしてくるが、それがてんでアヤシイ。歴史なんて、どこかで誰かがこうしようと決めて人の手で作られたのだ。絶対なんてあるはずがない。間違っていたら修正するのが人の道である。

先のオウム真理教の話じゃないけれども、国家も自閉しているのだ。だから思うようにならないものを力ずくで支配しようとする。

今はインターネットの時代だから「情報」はいくらでもある。が、その情報の中に含まれていない本当の情報を知りたければ、現場に足を運び、歩くしかない。そしてその歩く中から、少しずつ現実を好転していくための突破口が見えてくるのではないだろうか、と思うのである。

ピンチと英知の田舎論

田舎におけるピケティの法則

日本各地を年がら年中歩く中で、「田舎」について長い時間、自分なりに考えてきた。「地方」という言い方は東京目線なので、私の歩く日々にはどこか馴染まない。田舎という方がその背後に歴史と自然とストーリーが感じられるような気がする。その田舎の中に、これからの希望を作っていくフロンティアがあるような気がしている。

昨今、田舎の良さが見直され、移住してくるような人も増えている。昨日訪れた美波町の伊座利《いざり》という村は、陸の孤島のような隔絶された場所にある人口一〇〇人ほどの小さな漁村なのだが、歩いていると、不思議なことに学校からたくさんの子どもたちの声が聞こえてきた。明らかに違和感がある。というのも、この地理的条件でこの規模の村に存続している学校は、今ではほとんど見当たらないからだ。たいていの学校は廃校もしくは休校になって深閑としているのが普通の風景なのである。

塀の外からのぞいてみると（明らかに不審者?）、一〇数名の子どもたちが教室の中で笑いながら歯磨きをしている。どうやら給食の終わった後のようだ。どうしたことか、と漁協の事務所で聞いてみると、生徒たちの九割以上がなんと「漁村留学」で、町外から親子で移住して来ているとのこと。村の衰退を危惧した地元の人たちが誘致活動をしているらしいが、まあ、こんな時代なのである。

経済的にも『里山資本主義』がベストセラーになったように、田舎にあるものが経済的資源として再発見されている。わが徳島県でも、上勝町の葉っぱ事業が有名だ。おばあちゃんたちが、和食のツマモノにする葉っぱを収穫して出荷しているのだが、町を上げてのITインフラ整備と情熱的な人たちのパワーで、しっかりと収入のある一大産業に育っている。今では「第六次産業」のお手本として、地方再生の切り札のように言われることも多い。昨今、田舎が見直されているのは確かな傾向なのだろう。

はてさて田舎とは、そんなに良いものなのだろうか。

先日、サテライトオフィスの誘致で有名な徳島の神山町を歩いていた時のこと。訪ねていった一軒のお家で出会った六〇代後半ぐらいの女性は、結婚して以来、徳島市内の町中に家を構えて住んでいるのだが、母親の介護の関係で、ここ何年かは神山町の実家との往復の生活をしているらしい。その女性いわく、「神山はものすごいええ所よ。帰ってきたら胸がすーっとするわ。ほうやな、まあ一週間ぐらいはええわ。ほなけど何にも無いけんな、一週間でまた町に帰りたくなるな」とのこと。

すごく良く分かる。私も日曜日に田舎の母の家に行くことが多いのだが、気分はリゾートだ。家のすぐ前に海が広がっていて、背景の山裾には鳴門金時や大毛島大根、らっきょの畑が広々と展開されている。聞こえるのは波の音と鳥の鳴き声ぐらいなもので、ずいぶん気持ちが良い。いつまでも居たいと思う。だけど実際は思うだけで、草刈りなんかの用事を済ませてしまったら、もう半日で退屈し始めて、町から持ってきた手の中の小さな通信機器をスリスリと指で擦っているのだから言わずもがなである。

人間はわがままだ。無いものねだりだ。田舎にいれば都会が良いといい、都会にいれば田舎が良いという。そういうものだ。

となれば、やはり都会も田舎もともに在ってもらわなければ困る。なのだがいかんせん、その存続となると、田舎の方がだんぜんピンチなのである。

田舎がなぜピンチなのか。その原因は、昨今話題になった「ピケティの法則」だと思う。つまり金の流れだ。

私も『まんがでわかるピケティの21世紀の資本』(宝島社)を読んだ。漫画なのでエラそうなことは言えないのだが、内容は要するに、ピケティさんが一〇年以上も苦労していろんなデータを分析した結果、仕事で一生懸命働いて稼いだお金よりも、資本を運用して稼いだお金のほうがずっと大きいから、所得の格差はまだまだドンドン大きくなっていくよ、というものだ。それが「r＞gの法則」といわれるものらしい。

より大きな「資本」へとお金も人も集まっていき、「自然」しかないような地方は打ち捨てられていく。地方に残された親たちは高齢化していき、車に乗れなくなり、買い物難民と化す。近くの店もなくなり、公共バスの路線もなくなった。食料の買い物もできなくなった親たちは、施設に入るか県外の子どものところに行くしかない。できるならば生まれたところでずっと暮らしていたいのだが、仕方がないのだ。それが「地方消滅」の現場なのである。

これが、例えば「田舎の棚田のコメ作りは東京のサラリーマンより儲かるよ」となったとたんに話は違ってくるだろうが、なかなかそこをブレイクスルーできないのである。

ここで例によって、私の歩きブログからいくつかの田舎の情景を拾ってみたい。

田舎の風景が無くなっていく

○月○日新野町を歩く

今日は阿南市新野町を歩いた。阿南市は海の町だが山の町でもある。その中で新野町は、まさに里山という言葉がぴったりとくる山間の集落だ。ゆるやかな段々畑が地形に合わせて美しくカーブを描き、これがほんとうに手間のかかる「作品」だということがわかる。

だけど出会ったおじいちゃんの話によると、去年のコメ作りは赤字だったという。これまでも「米は安い機械は高い」で苦労してきたとのこと。農協から薦められる新型機械の導入に、米の収入が全然見合ってないのだという。

「今の機械があかんようになったらもうやめる」とおじいちゃん。

そんな調子なので、集落の農家には後継者はほとんどいないし、収入を考えると子どもにはさせられないという。でももう現役の人も、ほとんどがかなりのご高齢だ。ということは、あと一〇年もすれば、この里山の芸術的な瑞々しい棚田も、過去の風景になってしまうということか。

そこへもってTPPでますます輸入物に頼るようになる。自分の足元で食べ物を作っている風景がなくなり、外国のものばかり食べている未来……なんだか乾きすぎている。

とはいえ自分に何ができる？　これも時代の流れと諦めるしかないのだろうか。

そんなことを考えながら歩いていると久しぶりの通り雨。辺り一面の田んぼでカエルの合唱がはじまった。傘を持ってなかったので走って車を置いてある神社まで帰ると、その由緒を説明した看板が目に入った。神社の境内で江戸時代から人形浄瑠璃をやっていて、それが文化財になっているらしい。

そこで私はふと、これってバリ島だ、と気づいた。私はバリ島が大好きで何度か訪ねているのだが、そこでの観光の売りは、棚田＝ライステラス、カエルの声＝ケチャダンス、人形劇＝ワヤンクリといった素朴な文化である。表面的には違うが「在るもの」はほとんど同じじゃないか。太平洋の海の道でつながった精神文化の底流ここにありか。わざわざ飛行機に乗って遠くの外国にまで行かなくても、すぐ自分の足元にある、この宝物のような村をなんとか存続させられないものだろうかと思う。

○月○日福井町を歩く

阿南市福井町を歩く。福井町の星越峠は、何キロにもわたって立派な三車線道路が走っているのだが、車はほとんど走らない。ほんの数年前に来た時にはすごい交通量だったから異様な感じがした。

私が路肩に車を止めて電話をしていた五分ほどで一台も通らなかった。「遅い車は左へ」の電飾が虚しく点滅している。ほぼ使われていない、捨てられた道路なのである。

それというのも、数年前にショートカットの日和佐道路というバイパスができたからだ。道路区間中にあるのは数カ所の小さな集落だけなので、経済活動にとっては、用がない道路になってしまったのである。

その星越峠の集落を訪ねる。一軒のおうちに飛び込み、家の前で畑仕事をしていたおばあちゃんに話しかけて移動スーパーのことを説明すると、「少し時間をおいてあの家に来てほしい」と、少し離れたところに見えている家を指差された。

仕方がないので他の家を数軒回ってから例の家に行くと、先ほどのおばあちゃんと、その家の主人らしい、かなりの高齢のおじいちゃんが話をしている。聞くと、そのおじいちゃんが集落の世話役で長老とのこと。見ると、なにやら二人とも困った顔をしている。いけない、私が何か迷惑をかけたのだろうか、と心配になった。

そこで、長老いわく「みんな買い物には困っとる。移動スーパーには来てほしい。だけどなにせ年寄りばっかり。全部合わせて八〇軒の村で子どもは三人しかおらん。ここまでガソリンたいて来てもろうても年寄りの食べる分買うだけやけん、あんたらが儲からん。それでは気の毒じゃ」とのこと。

なんと、寄りあった長老たちは、私たちの収入の心配をしてくれていたのである。そこで、心配には及ばない旨を丁寧に説明すると、二人とも晴れて明るい顔になってくれた。

それにしてもまあ、こんなに辛抱強い人たちに支えられた集落が、見捨てられたような田舎のあちらこちらに今でも残っているのである。我々の移動スーパーの売れ筋の一つは、この福井町で採れた阿南米なのだが、こんなお年寄りたちが日々、芸術品のように作りこまれた美しい棚田で、丁寧においしいお米を作ってくれているのだ。

こういう田舎を見ると、この国の経済はうまく還流していない気がする。資本主義が間違っているのか、それともその運用がマズいのか。少なくとも田舎を歩いている限り、そのマズい結果があちこちに見られる。

○月○日北泊を歩く

北泊は鳴門市の北端、播磨灘に面した一〇〇軒ほどの漁業の村だが、港に往年のような活気はない。漁業ではなかなか十分な収入が得られず、後継者が少ないのだ。漁船の並んでいる勇壮な姿を見るとなんだか男として憧れる職業だが、「だったらお前やってみろ」と言われたら怯むかも。

村はやっと人が歩けるだけの細い道が迷路のように入り組んでいて、軽トラの移動スーパーでも入れない。その迷路を取り囲むように駐車場があるのでそこで開店させてもらう予定だ。

一軒ずつ全部の家を訪ねて歩いたのだが、昼間は完全に、おばあちゃんと猫の町だ。おばあちゃんと猫の数が半々ぐらいの割合か。

ワカメの芯を取る人、漁網を干す人、蛸壺のそうじをする人、裏山でとってきたタケノコの皮をむく人、ラッキョの皮をむく人……かなりのお年寄りまで、みんな働いている。世間話をしながら時々笑い声が響く。村全体が静かに息づいている。経済活性化には程遠いけれども、じんわりとした心温まる人間らしい暮らしがあるのだ。

しかし村には一軒も食料品店がない。近くのスーパーまでは七キロ以上離れているので完全に買い物難民状態である。漁村なのにお刺身が買えない。出会ったおばあちゃんたちが口をそろえて「お刺身持ってきてよ」と言うのだ。昔は若かったおじいちゃんたちが漁で獲ってきた魚がその辺でピチピチとあふれていて、「魚は買うモンでなかった」そうだが、おじいちゃんが引退し、漁業全体が衰退して漁村なのに魚が口に入らないのだという。

意外な気がするが、あちこち歩く中で分かったのは、これは他の漁村でも良く似た状況なのである。若い時から魚を主食みたいにしてきたお年寄りたちが、漁村に暮らしているのに魚が手に入らない。なんだか少し寂しい話だが、これが今の現実だ。

我々の移動スーパーがちょっとでも元気を運んでこられたら良いなあ、と思う。

○月○日脇町の山間部を歩く

脇町の山間部を歩く。下界から見ると、山にへばりつくように家々が見られる。なんだか時代劇に出てくる旅人みたいな気分で、舗装されていない峠の山道をクネクネと歩いていくと、やがて数軒の集落に出た。

よくこんな不便なところに住んでいるなあ、と思うが、上の人たちは下を見て、よくあんなゴミゴミと空気の悪いところに住んでいられるなあ、と思っているに違いない。実際に入ってみると天上界のようで気持ちが良いのだ。観光地ではないので、もちろん観光客はいないが、日々都会で暮らしている人が訪れたら、あまりの気持ち良い見晴らしに、歓喜の声を上げるだろう。

町から来たヨソ者の無責任な感想だが、都市的ストレスがゼロのこの山間の村々には、ほんとうに癒される。脳がスッとする。ドロドロしたものが溶け出す。ヒーリングスポットでありパワースポットだ。流行りの言葉で言えばデトックス（毒出し）だ。

ただ、近くに食料品店はない。生協のトラックも入れないような細い未舗装道も多い。完全に買い物難民エリアである。ここは軽トラックの移動スーパーの出番である。

出会った一人暮らしのおばあちゃんは、電動シルバーカーで時々下界まで買い物に行くという。だけど雨風の強い日は行けないし、家の前はダートなので水たまりが涸れるまで一週間も外に出られないらしい。

この脇町を担う販売パートナーのHさんは、何十年も軽運送に携わってきたベテランだ。片側が断崖になっている角度のある坂道は、私のような普通のドライバーならビビるところだが、祖谷の秘境を隅々まで走り倒してきたHさんなら余裕である。心強い。

こういう山の上の生活をされているのは、ほとんどが高齢者である。が、彼らが施設に入ったり、都会の子どもの所に行ってしまえば、暮らしを継ぐ者はいない。ということは近い将来、日本から「山の暮らしの風景」が無くなるかもしれない、いや、確実に無くなるだろう。今から一〇年後には「昔は山の斜面に人が住んでいたんだよ」とか、子どもに語っていたりして。

それは寂しい話だ。こんな日本人の心の原風景であるような里山の暮らしをなんとか守りたい。ささやかな抵抗かもしれないが、Hさんのがんばりがきっとお役に立つと思う。

誰のためのインフラ?

田舎の衰退する理由は「r>gの法則」だと言ったが、具体的に掘り下げてみていくと、ひとつには交通インフラの問題がある。

前章でも述べたように、確かに高速道路などの大きなインフラはこれ以上不要なほどに張り巡らされている。しかしそれらは、どれもこれもが「自動車に乗る人」もしくは「都市に暮らす人」のためのものであって、田舎の暮らしには役に立っていない。

もちろん都市に住む子どもたちは田舎に帰省しやすくなった。家族で車で里帰りするには高速道路は便利だし(渋滞さえなければ)快適だ。物流の面でも、通販で注文した商品が日本全国に大きな時間差がなく届く。

しかし、そこでの暮らしそのもの、例えばお年寄りの日常に役に立っているかというとそうではなく、むしろ障害となっていることの方が多いのである。現場を見てみよう。

○月○日高速道路の川

連日の雨の中、阿波市を歩く。えらく橋の多いところだな、と思って川をのぞき込んだらそこはなんと高速道路だった。いつも車で通っている高速道路からは見えないが、こんなところに買い物困難エリアがあるのだ。

この「川」のせいで、高齢者は昔からの生活の動線を断絶され、孤立している。仕事を引退した高齢者の日常生活は、国全体のＧＤＰには役に立たないかもしれないけれども、インフラっていったい何なのって思う。

そこで出会ったおばあちゃん。

「移動スーパー来てくれたら助かるわ」

「今はお買い物どうされてるんですか」

「息子に頼んで日曜日に車で行ってもらいよる」

「それはいいですね」

「ええこと無いんでよ。息子というても嫁もおるし気い使うわ。日曜ごとに頼むんはせこいでよ。ほれに行ってもろたらやっぱり息子の分も買うたらなあかんでな。負担じゃわ」

買い物難民と言われる高齢者が、現在どうやって食材を買っているかというと、三大ソリューションは「生協」「ヘルパーさんに頼む」「子どもに車で積んでいってもらう」である。中でも、子どもが県内ぐらいの近くに住んでいる人は、休みの日毎に頼んでいる場合が多い。それは大切な親孝行と見守りの時間なのだが、こんな話を聞かされると、けっこうお互いの負担でもあったりもするのだ。

そこを少し「抜いてあげる」ことによって、家族がニコニコできればいいと思う。まさか「移動スーパーが来てくれるから親の面倒を見なくて助かった」とはなりたくないが、現実はどうなのだろうか。少なくとも今日出会ったおばあちゃんにとっては、お役に立てそうで良かった。

○月○日鳴門市高島を歩く

鳴門市の高島地区を歩く。高島と鳴門市の中心部は小鳴門海峡を隔てて目と鼻の先である。二本の立派な大橋でつながっているのだが、歩きや自転車では渡れない（禁止はされてないが、高所と高速車の恐怖で渡る人はほとんどいない）ので、車に乗らない人の主な交通手段は渡し舟である。つまり、車を持つ人にとっては、スーパーに行くのは隣の町内に行くぐらい気軽なものだが、そうでない人にとっては渡し舟で行くしかない「孤島」なのである。

今日の歩きでも、「買い物は自転車と渡し舟」という高齢者に何人も出会った。インフラ整備は良いこととして、巨大な税金を注ぎ込み、どんどんと道路や橋が作られていくが、その陰では地域の小さな食料品店が滅び、車を持たない人々は見放されて買い物難民となっているのだ。

昨今、高齢者運転の事故が多発して憂うべき社会問題になっているが、その背景にはこういう事情がある。要するに、車を運転しなければ生きていけない社会に作り込んでしまったツケが回ってきているのだ。

昨日も、山間部の高知嶺北地区のスーパー担当者さんから連絡が入った。ご当地で高齢者の運転する車が親子をひく事故があり、運転者は死亡、親子はドクターヘリで救急搬送されて助かったとのこと。この運転者の方が、スーパーの馴染みのお客さんだったらしい。

高齢運転者問題は今後ますます深刻になっていく。買い物難民は全国で七〇〇万人と言われているが、そこに含まれていない七五歳以上の高齢運転者は全国に五〇〇万人もいるのだ。

毎日のように過疎地を歩いていると、一日に何人も八〇代以上で車を運転する人に出会う。九〇歳を超えている人もさほど珍しくない。もちろんほとんどの人はお元気だから運転に自信があるのだし、たしかに大丈夫そうに見える。だけど、こちらが心配になるような人も少なくない。移動スーパーを断る人の中には、運転をするという理由で、意地になっているような人も見受けられる。子どもの意見を聞き入れて、免許を返上したという人にも多く会う。しかしこの人たちがおしなべて言うのは「やっぱり不自由だ」ということ。買い物は週末に子どもが車で連れていってくれるのだが、やはり普段から病院や他の場所にも自由に行きたい。過疎地で免許を返上するということは、都市部とは不便さのレベルが違うのだ。まだ頼れる身内が近くにいる人はいいが、子どもはみんな県外という人も少なくないし、そもそも子どものいない人ももちろんいる。

高齢運転者の今一番の関心事は免許更新の厳格化だ。これは確かに、社会的には必要なのだろうと私も思うが、実際は「免許を取り上げられたら、どうやって生きていけというのだ」というのがみなさんの本音なのである。

国を挙げてひた走ってきた自動車前提の町づくりという政策の破綻なのだと思う。自由経済に任せて資本へ資本へと一極集中してきたツケなのだ。まあ一方で、この国を作ってきた当事者は今の高齢者であり、その子どもの私たちなのだから、自己責任と言われればそうかもしれない。だけど問題は、この切羽詰まった目の前の現実をどうするかだ。

愚かさと勇気を伝える住吉丸事件

田舎の良さは自然だけではない。そこにはストーリー（昔話し）がある。私は、歩きながら耳にするそのストーリーに度々心を奪われ、これを保存し、なおかつ発信する必要性にかられることが多い。なぜ発信しなければならないと感じるのか。そこには現代社会を生きるために学ぶべき「英知」が多分に含まれているからである。田舎のストーリーは、ともすれば消滅してしまう英知の保存庫なのだ。ちなみに英知の意味は、辞書によると「すぐれた知恵、深い知恵」とある。

鳴門市の島田島は、昔はドライブ用のスカイラインで賑わった景勝地である。そう、思い起こせば、私の子どもの頃（高度経済成長後期）は、大人のデートと言えば「ドライブ」だった。今ではいろんなエンターテイメントが増えて、あまり「ドライブに行こう」などという言葉を聞かなくなったが、その頃は、どんどん道がアスファルトで舗装されて、素晴らしく性能が進化する車の乗り心地を味わうということが、一つの立派な娯楽だったのだ。

島田島スカイラインはその頃、日本のあちこちに造られた観光道路のうちの一つで、渦潮で有名な鳴門公園から播磨灘に向かって連なる島々を結ぶ、文字通りの空の道である。

今では走る人も少なくなっているのでロードサイドの寂れ感はあるが、それでも景観は素晴らしい。片側に、内湾でいかにものんびりした空気の「内の海」がある。波が無いので、釣りの屋形船のメッカになっている。そしてもう片側は、紀伊水道から瀬戸内海に流れ込む播磨灘。これまた穏やかで、ちょっと地中海っぽい感じの美しい風景が広がっている。

そんなスカイラインだが、そこから途中下車した島には小さな村々が残っていて、やはりスーパーマーケットは一軒も無い。なので移動スーパーが喜ばれるのである。私がお客さん探しで歩き始めると、案の定、みんな興奮気味に喜んでくれた。とくに車に乗らない高齢者は、離れて暮らす子どもに頼んだりして、常々から苦労をしていたらしい。

島田島には、そんな一〇軒から二〇軒ぐらいまでの小さな集落が点々と残っている。元々はすべて漁村だったが、今ではほとんどが寂れている。そんな島田島の北端、播磨灘に面した所にある「田尻浜」という海岸で、私はひとつの顕彰碑に出会った。

顕彰碑に書かれていたのは昔の話。一九四五年八月二日というから広島への原爆投下の四日前である。予科練練習生一〇九人が、淡路島の要塞増強のために駆り出されて、木造船「住吉丸」に乗せられ、鳴門の撫養港から淡路島の阿那賀に向けてこの田尻浜沖を渡航中、米軍機の空襲に遭い、八二名が戦死したと記されている。予科練練習生といえば、下は一五歳からの、まだ中高生ぐらいの子どもたちである。

その日、少年たちは、軍用でない民間の運搬用の小さな船で、座るところもなく船底にびっしりと立たされたまま、播磨灘を淡路島に向かって運ばれていた。そこへ米軍の戦闘機が二機あらわれ一斉掃射。船は火を噴き、船内は血の海と化した。弾を逃れた少年たちは、次の攻撃をおそれて海に飛び込んだ。そこで力尽きた者は沈み、ある者は流され、ある者は数キロ先に見えている陸に向かって泳ぎ始めた。

この時、その様子を見ていた島田島周辺の大島田、室、北泊、粟田など漁村の漁師たちが舟を出し、海に放り出された少年たちの救助に向かった。手漕ぎの小さな漁船である。今にも次の空襲が来るか分からない海の上で、漁師たちは命がけで少年たちを舟に引き上げた。一方、浜では女性たちが、ぐったりとなって運ばれてくる少年たちを抱きしめ、体で温めたという。結果、一七人の少年たちの命が救われた。

私も高校生の息子がいるので、この漁民たちの命がけの救助を思うと、グッと込み上げてくるものがあった。彼らにもたぶん、同じように子どもがいたのではないだろうか。そして親としての気持ちが、躊躇なく命がけの救助に向かわせたのではないかと思うのだ。

調べてみると、淡路島の阿那賀に、この少年兵たちの墓碑があるというので、後日そこを訪ねてみた。現地は、立派な祈念公園になっていて、少年たちの墓碑がきれいに並んでいる。ひとつひとつ見て回ると、石に刻まれた年齢は一五歳、一六歳、一七歳……文字通りの少年たちだ。船を操縦していた民間人二人の名前もある。

終戦を目の前にして無駄に死んでいった少年たちと、命がけで救助に向かった大人たち。こんな悲しみと勇気、愚かさと慈悲の歴史を持っているのがこの島田島なのだ。

私は、歩いている途中で偶然出会った顕彰碑の碑文を読んでから、ふり返って事件の舞台となった目の前の海を見たとき、一九四五年八月二日その日の爆撃音と、あちこちの漁村からお父さんたちが必死で櫂を漕いで助けに向かう情景が胸に迫ってくるのを感じ、ひとり驚愕した。この場所は、戦争の悲惨さ、愚かさのリアリティを継承している土地なのだ。それは現地に来て、立って見なければ感じられない。土地には、そこに染みついた歴史の記憶が残っているのである。

原発計画を止めた住民たち

徳島県阿南市の椿泊という集落は、一風変わった漁村である。紀伊水道に突き出た半島の片側にへばりつくようにして家々があるのだが、軽自動車でもスレスレの道路（所によって直角カーブがある！）の両サイドに家がせり出していて、その向こうはすぐに海と山。懐かしいような、はたまた別世界のような、一歩迷い込むとジブリのアニメでも観ているような不思議な感覚におそわれる。

その昔は、阿波水軍と呼ばれる武士団の拠点であったらしく、戦時の対策として、細い道が曲がりくねっているらしい。それから数百年が経っているのだが、なにせ山と海に挟まれた半島の周囲なので土地に少しの余裕もない。だからそのままの道が残っている。そんな不便な土地なのに、周囲が豊かな漁場に囲まれているものだから、いまだ数百人の人が住み続けているのだ。自然の豊饒さと便利さは相反するものかもしれないが、その折り合いの境界にあるのがこういう村なのである。

この町（椿町、椿泊町）を歩いているときに、これまた不思議な光景を見た。椿泊湾に流れ込む、椿川と呼ばれる小さな川の土手に、一〇メートル置きぐらいに人が座って、何やら作業をしている。

総勢で一五人ぐらいはいるだろうか、男女半々ぐらいで、ほとんどが高齢者と見受けられる。土手の斜面に囲いを作り、手には竿のようなものを持ち、水中に向けて上げたり下げたりしている。竿の先には四本のアームで吊られた二メートル四方ぐらいの網がついている。時々、小石のようなものを川に放り込んではタイミングを見て網を上げているようだ。

近づいて行って聞くと、仕掛けの竿は「四つ手網」と言われるもので、シロウオという魚を獲っているとのこと。シロウオとは、全長四センチ前後の小さな半透明の魚で、よくいう「シラウオ」とは別物らしい。

毎年春になると、椿川ではこのシロウオが産卵に遡上する。そこを狙って、この独特の方法で漁をしているのだという。小石を放り込んでシロウオを追い込み、集まったところで網を上げる。全国でも珍しい風情のある光景である。

この椿泊湾は、一九六八年に四国電力の原子力発電所の候補地として挙げられたのだが、それに対して漁師たちを中心に住民が徹底抗戦をし、ついに計画を中止に追い込んだという歴史を持つ。中止が決まったのは一九七九年、実に一〇年以上の闘いだった。

この古い市民運動については、ドキュメンタリー映画『シロウオ　原発立地を断念させた町』として、それに関わった多くの人たちの声が記録に残されている。最近になってこの映画の自主上映会があり、私も鑑賞した。その中で語られる漁師や酪農家の話で共通するのは、自分たちは土地と共生して生きているので、金で企業に売り渡す気はない、という信念である。

電力側は「金」をちらつかせる。漁業や酪農はきつい仕事なので、楽になることに心が揺れる。しかし彼らは繰り返し自分の気持ちに立ち返る。この土地、この自然とともに生きていくという人生を手放して、いったい何が残るというのかと。

映画に登場する一人の酪農家は、自然に囲まれて、親子孫三代で汗して働くことに人生の幸せを感じている。漁師たちもそれぞれに先祖から続く思いを持って働いている。いろんな人が、いろんな思いで、自然の恵みを頂きながら生きているのだ。

そんな代々続いてきた村の営みを、ごっそりと破壊して無きものにしてしまう原発計画に敢然と反対し、粘り強い運動の末に中止を勝ち取ったのがこの町（椿町、椿泊町）のストーリーなのである。

三・一一以降この昔話は、日本のみならず世界に向けて力強いメッセージを放つ。人間にとっていったい何が幸せなのかという人類の英知が、こんな田舎のストーリーの中に生き生きと息づいているのだ。

人とのふれあい元気論

ハラスメントが元気を奪う

この本は、人間にとって何が元気が出て、何が元気を奪うか、ということをテーマにしている。ただ、私は研究者でもないので、自分の体験や実感から強く思うことだけを書くことにしているのだが、例によって私の結論は単純である。

人は、人と気持ちの良い心のキャッチボールができれば、そこから大きな元気をもらえ

る。人は人から元気をもらうのである。

しかしこのコインには裏があって、すなわち、人は人に元気を奪われる。有名なラッセルの『幸福論』では、幸福を論じるにあたって、まず「不幸な人」とはどんな人かを、いくつかにカテゴライズして延々と述べている。

これに倣って私もまず「何が人の元気を奪うか」について述べたい。それについて私の答えは最初にも書いたが、やはり「ハラスメント」ということになる。

ハラスメントに対する私の定義は「一方的な価値観の押しつけと人権の蹂躙」だった。教科書っぽい言い方になってしまったが、人権とは、人が人として自由に幸福を追求することができる権利。蹂躙とは、暴力や強権をもって踏みにじる、という意味である。

世に○○ハラスメントという言葉がたくさんあるが、基本的構図は同じだ。セクハラやイジメが分かりやすいかもしれないが、ひと言で言えば「嫌なこと」を「する」「される」のがハラスメントだ。これが人の元気を奪う。

なぜこういうことが起きるのか。世の中には「悪いヤツ」がいるので、こういうことが起きるのだろうか。それも正しいだろう。確かに世の中には悪いヤツがいる。しかし私の人生五〇年の経験から推論すると、ハラスメントの原因は、その悪いヤツの悪さもさることながら、それに増して「現場」に対する無理解、無認識に起因しているのではないだろうか、と考えるのである。私は、ハラスメントの構造的な原因は、そのほとんどが「現場を知らない」という事からきていると感じている。

たとえば女性へのセクハラであれば、現場とは「女性の気持ち」である。イジメであれば「いじめられている者の気持ち」が現場だ。この現場で何が起こっているのかを知らない人間が、ハラスメントの加害者となる。

セクハラやイジメは、若い頃は私も加害者になった自覚がある。子どもの頃、近所のちょっと変わった子なんかを、今風に言えば「イジる」ことは日常茶飯事だったような気がする。それがいつの頃からか、なんとなく人の痛みが解るようになってきて、中学生になった頃には私はどちらかというと、いじめられる子を守る正義の味方になっていた（ウソだ、という幼馴染の方がいたらゴメンなさい）。

セクハラも、社会人になってから痛い目にあって目が覚めた。ある時、職場の年下の女子社員に、男性タレントの誰かに似ているとか何とか、ウケを狙うつもりで軽口を叩いてしまったのだが、その日の昼休みに、同じ部署の別の女子社員に呼び出されて諫《いさ》められた。私の言葉で、その子が傷ついているから謝れというのである。

私は何を言っているのか理解することができなかった。冗談を言っただけで自分はどこも悪くない、その女子が過敏すぎるのだと思った。そしてそれ以来、女子は難しいので下手なことは言えない、と自分に戒めた。しかしまだその時には、「女子は難しい」という経験から得られた知識だけで、彼女たちの気持ちという現場を認識してはいなかった。

　その後、一〇年以上の年月を経て、あるイベントで私が主催者側でお世話をしていた時のこと。イベントが無事に終わってから数日後、お手伝いに来てくれていた若い女性が私のところへやってきて話があるという。聞けば、同じボランティアの男性に、すれ違いざまに胸を指で突かれてすごく嫌な思いをした、ついては謝罪をさせたいので一緒に付いてきてほしいというのである。

　正直言ってこの時の私の認識は、「そんなの終わったことだし別にいいではないか」という程度のものだった。神経質な人だと思い、女性のこだわりが理解できなかった。しかし、よくよく話を聞いて私は分かってきたのである。結局その彼女は、自分を人間としてでなく、モノとして扱われたことに傷ついたのだと。私は、彼女の心の中の「現場」を分かってなかったのだ。

　セクハラやイジメは、相手の気持ちが分からない人間がする。それが時には、暴力や殺人や自殺にまで発展することもあるのだ。

　そこで当たり前のことだが、相手の気持ちさえ分かっていたら、多くのハラスメントは無くせるのではないかと思うのである。その気持ちを理解する一番の方法は、現場に足を運ぶことなのだと思う。そしてその現場を自分の好きなように解釈し、いじくり回すのではなしに、黙ってそっと観察すること。現場に自分の価値観を押しつけるのではなく、観察し認識するのだ。

さらに人の気持ちという現場を知るには、人の声に耳を傾けることである。こちらの意見を押し付けるのではなしに、ただ受け身になって聴く。心から受け身にならなければ、相手も心を開いてくれないだろう。そして相手から求められた時には謙虚に少しだけこちらの話をする。そういうコミュニケーションによらないと、人の気持ちという現場を知ることはできない。

組織のパワハラも全く同じ構造だと思う。資本主義の中では利益が神である。利益＝神を喜ばせるのがただ一つの価値なのだから、支配者はそれを下の者に押し付けることになる。株主が社長に押しつけ、社長が部長に押しつけ、部長が課長に押しつけ……。資本主義の論理に忠実であるほど、会社はブラック化の様相を見せていく。それは構造的に動かしがたいものなのだ。会社という、また資本主義という「システム」に、社員という人間の気持ちを解れといってもムリだ。大きな構造の中で、個人の気持ちなど何の影響力も持たない。川の流れに逆らってもムダである。その中で受けるストレスは、飲みに行って同僚に話を聞いてもらうぐらいで、鬱々とした気持ちは引き出しにしまってカギをかけておくしかない。しかしこんな日々が延々と続くと、やがて元気は無くなっていく。ただまあ中には、社員の気持ちという現場を知り、人間としての暮らしを大切に考えてくれる誠実な会社もあるだろう（我々もそうありたい）。激流のような市場の中で、ブラック化の歯止めになっているのは、やはり「現場を知っている」ということになるのだと思う。

国家によるハラスメント

繰り返しになるが、国家による国民へのハラスメントもある。

私がそもそも政治に関心を持たざるを得なくなったのは、吉野川の可動堰建設計画をめぐる住民運動だった。この運動については前著『希望を捨てない市民政治』（緑風出版）につぶさに書いたが、今ふりかえって見てみると、それは国の一方的な価値観の押し付け（国民の意見無視）と、それに抵抗して自分たちの声を形にしていく住民の闘いであった。

吉野川は、徳島県の中心を東西に貫く大河で、遠い過去から地元住民の暮らしを支えてきた生命線なのであるが、国（当時は建設省）はこの川を、コンクリートと鉄の塊の可動堰（ダム）で堰き止めてしまおうと計画したのである。

この計画に対して立ち上がった住民運動のリーダーである姫野雅義さんはとても冷静な人で、はじめに反対ありきではなく「疑問あり」と打ち立てた。そして必要性を説明するデータを出すよう、国に対して要求を繰り返した。国も本音はいざ知らず「住民の要望を受けた計画である」というのが建前なので、「疑問があるから説明してほしい」と申し出る住民に対し、むげに門前払いもできない。ましてやそこに、仲間の市民やマスコミの記者たちを同伴してくるのだから尚更である。

我々はそういう手続きで次々と国のデータを引き出し、建設理由の根拠を覆していった。そこで反論の拠り所となったのは、建設予定地で先祖代々暮らす地元住民の意見である。いわく「建設省は川の流れによって右岸が深掘れしているというがそれは違う。深掘れが始まったのは高度経済成長期にコンクリートの骨材に川砂を採り始めてからで、川の形状が原因ではない」もしくは「建設省は大雨が降った時に第十堰（江戸時代からの石積みの堰）が原因で上流に堰上げがおこるというが、そんな現象は見たことも聞いたこともない」等々。古老を中心とした地元住民たちの現場の声が、国の示す建設理由をことごとく突き崩していったのである。

慌てた国は、県知事の選任で審議委員会を設置し、市町村長や議長、御用土木学者たちの意見を持って「推進すべし」と迫ってきた。現場の声を無視して、一方的な計画を無理やり押し付けてきたのである。その計画が、先祖代々、悠々と流れ続けてきた母なる吉野川を堰き止めるというのだから、まさにハラスメントだ。地元の人たちは吉野川の恩恵で恵まれた土地を耕し、おいしい水を飲んできた。そんな地元住民が必要ないと言っているにもかかわらず、現場を知らない人たちが理由をこじつけ、嫌なことを押し付けてきたのである。

これに対して我々は住民投票というやり方で民意を形にし、そこからさらなる攻防を経て可動堰計画は中止となった。実に一〇年以上を要する長い闘いであった。

少し余談になるが、その後、国の官僚という人たちのやり方について私が見聞きしてきたことを話しておきたい。

市議時代に私は、地元の私立大学の政策学の聴講生として学んだことがあったのだが、そこでの二人の教授が、ともに通産省（今の経産省）と自治省（今の総務省）という官僚出身の方々だった。その一人の先生から聞いたのだが、官僚たちの中で「振付け」という隠語があるという。何かというと、一つの公共事業を完成させることを舞台芝居にたとえれば、役者から裏方まですべての関係者の総合監督として、その立ち居振る舞いを指示するのが官僚の仕事だというのである。公共事業には様々な段階があるが、その都度ごとのプレイヤーがいる。まずはじめに地元期成同盟会の結成からはじまって、地方議員や首長への陳情。国会議員を通じて国の各省庁への陳情、要望、予算化。さらに事業計画の策定から工事の完了まで、大きな公共事業になれば膨大な数の関係者がプレイヤーとなってくる。そのすべてのシーンに裏の振付師がいて、それが国の官僚なのだというのである。

さらにもう一人の元官僚の先生から聞いたのが「一〇〇年の引き出し」という話。いわく、官僚たちの頭の中には過去一〇〇年分のデータや議案や国会審議やらの引き出しがあって、それらのツールを自由自在に使いこなして仕事をしていくのだという。

私がある時、「先生はほんとにいろんな事をよく知ってますね」と聞いたところ、「官僚の仕事というのは、何でも知っているということなんです」と一言。これを聞いて私はいたく納得した。つまり官僚というのは、理屈を作るプロ職人なのだ。料理人やベテランの機械工のように、議案を作るための材料や道具の使い方を熟知していて、どのようにでも理屈をひねり出すことができるのである。ダムの必要性を創作するなど朝飯前なのだろう。その生産工場である霞が関には、一〇〇年分の材料や道具箱があるというのだから、ちょっとやそっとでは歯が立たない。まして官僚たちは、すさまじい競争の中を東京大学の試験に合格するのだから、アタマの中に超人的なメモリーとプロセッサを備えているのだ。

ところがそんな振付師たちの理論も、ひとたび地元で長く暮らす古老たちの経験を前にすればたちまちアヤしくなるのだから、我々凡人の経験値というのも捨てたもんじゃない。

我々の住民投票では計画反対の票が九〇％を超えたが、市民の多くが、マスコミを通して聴き伝わる現場の声に信頼を寄せたということだろう。現場の経験というものが最終的に何よりも説得力を持つのである。

言葉のキャッチボールが元気を作る

さて「何が元気を奪うか」はこれぐらいにして、本論の「何が元気をくれるのか」を考えていきたい。

結論は先に書いた。人は人から元気をもらうのである。人以外のもので元気をくれるものといえば「自然」ぐらいか。たった一人でも気持ちのいい波でサーフィンができればたちまち元気になるということはある。しかしそれも自分の肉体や五感から湧き上がってくるもので、こじつければ自分という「人」から元気をもらっているのかもしれない。

アートや音楽も元気やインスピレーションをくれるが、これも即効性でいうと生の人間にはかなわない。というか、アートも音楽もそもそも人と人のコミュニケーションへの希求そのものだろう。

我々の移動スーパーの良いところは、毎日毎時間、人と言葉のキャッチボールをしながら仕事が進んでいくという点である。朝夕はスーパーのバックヤードで準備や片付けをしながら、日中はお客さんとのやり取りで一日中ずっと人と話をしている。その中で、少しでも気持ちの通いあう爽やかな言葉のキャッチボールができれば、そこから私たちは元気のエネルギーをチャージしているのだ。

元気は一方的に与えるのではなく、お互いのキャッチボールの中から発生する。そしてそれは不思議なことに元気のあり余った人からだけでなく、一見元気の無い人からももらえることがある。元気の法則は、時に質量均衡の物理法則に反しているのである。なぜだろう。「言葉」というものの中にその秘密があるのかもしれない。

先日のある朝、移動スーパーの販売パートナーであるKくんから私の携帯に電話がかかってきた。準備のやり取りでちょっとしたトラブルがあり、最悪の気分だと言う。電話の趣旨は、私にその問題解決に向けて力を貸してほしいという内容だった。一〇分ほど話したのだが、ずいぶん心が折れて、一日お客さんのところを回る元気も無い感じだった。

夕方、私はスーパーのバックヤードでKくんの帰りを待った。そこで、さぞかしふてくされた顔をしているのだろうと思っていたら、意外や爽やかな表情で帰ってきた。車を降りて、待っている私の顔を見るや開口一番、「いやー、お客さんってありがたいですよね」

という。聞くと、朝は最悪の気分だったが、行く先々でお客さんのおばあちゃんたちと話しているうちに落ち着いてきて、すっかり元気になったというのである。

我々の仕事のひとつの大きなミッションは「高齢者の見守り」なのだが、思いやりの交流をする中から、逆にこちらがエネルギーをもらっていることが多いのである。私が現役で販売ドライバーをしていた時期も、朝起きるのがつらかったら、布団の中でお客さんの顔を思い浮かべると不思議とパワーがわいてきたものだ。支えてあげなければ玄関先まで出て来られないような一〇〇歳の高齢者の方からも、我々は逆に大きな元気をもらっているのである。

さらに私の「人から元気をもらう論」の根拠は、日々の販売パートナーさんたちとの交流にある。販売パートナーというのは、我々の移動スーパーを現場で担う個人事業主のことだ。ここであるべき形としては、私たちのほうが彼らに元気を届ける立場でなければならない。そのために毎月一回一時間ほどの面談をするのだが、私は毎度、必ず彼らから逆に元気をもらっているのである。

別にみんながみんなパワーにあふれていて、元気を振りまいてくれているというのでもない。面談は時には悩みのカウンセリングになったり、人生相談のようになったりで、悲喜こもごもなのである。しかし不思議なことに、一時間ずっと生活の悩みを聞いているだけのようなときにも、何だか申し訳ないような気もするが、私はじんわりとエネルギーのようなものを頂いている。それである時、私は気が付いたのだが、人は、気持ちのキャッチボールができれば、それだけで、どこか元気になれるものなのではないだろうか。

ここでのツボは「キャッチボール」であることだ。受け取れない球を一方的に投げつけるのはそれこそハラスメントでありいじめだ。相手の準備ができたところに、受け止められるスピードで、ストライクゾーンをめがけて投げること。そしてゆっくりでもいいので、受け取った球をまた相手に投げ返すこと。「受け取りやすい球」かどうかは、そこに「思いやり」が込められているかどうかによる。この言葉による思いやりのキャッチボールの中に、元気の秘密が隠されているのだ。力が弱っている人は、小さなボールをゆっくりと投げるだけでよい。そこに元気の小さな種子が含まれているような気がする。

ここでまた例によって、私のブログの中から、人から元気をもらった現場のスケッチをいくつか抜粋してみたい。

元気をもらう日々

○月○日　師匠、Oさんの場づくり
我々の移動スーパーの第一号車である羽ノ浦・那賀川を走るOさんの車に同乗。何軒目かの家で、えらく庭の奥まで入っていくなと思っていたら、足が痛くて家から出られないおばあちゃんが窓から冷蔵庫を見られるように駐車している。そして近所から集まってくれたおばあちゃんたちがゆっくり商品を見ている間に、注文を聞いて窓から商品を差し入れ、代金をいただく。

他のおばあちゃんたちもそれぞれにメモを持ってきていて、のぞきこむと「かぼちゃ、もやし、ゴマ、ヨーグルト、玉子」などと書かれている。それをサッサッと集めて回るのだが、欠品は一個もなく全部そろっている。

買い物が終わったおばあちゃんたちが、そのままぞろぞろと家の中に入っていく。何かと思って窓からのぞくと、ちゃぶ台の上にお茶が用意してある。今からおしゃべりタイムなのだ。さっそく買った飴をあげたりもらったりして盛り上がっている。

移動スーパーが行くようになって昔の井戸端会議（今風にいう地域コミュニティ）が復活したらしい。Oさんはこんな場作りを、わずか一〇分間程でムダな動き無くさらりとやってしまう。その間ずっと笑顔だ。

我々はひそかにOさんのことを師匠と呼んでいるのだが、さらに仕事に磨きがかかっているようだ。Oさんの仕事を横から見ているだけで、いつしか元気をもらっていることに気がつく。

○月○日　ワイルドなナイスガイ、Sさん

移動スーパーの販売パートナーさんたちは、みんなとても個性的で素敵だ。それぞれに過去の人生があって、縁あって今の仕事に辿り着いている。そんなパートナーさんたちと話をしていると、いつもパワーをもらえる。ほんとは私がパワーを授けに行っているはずなのだが、気が付いたらもらったお釣りの方が多かったりする。

Sさんは、休みの日には海に潜ってヒラメを突いたりするワイルドな男である。その職人っぽい丁寧な仕事ぶりは、見ていて気持ちが良い。この人と話をしていると、他愛もない雑談でもなんだかパワーをもらえる。一時間の面談の五〇分ぐらいはバカ話とか雑談。あとの一〇分ぐらいで打合せを済ませる。

話の内容がどうであれ、人は人と接して元気をもらえるのだなあとしみじみ思う。脳学者の茂木健一郎さんによると、人は人のネットワークを温めておくことによって、新しいチャレンジができるパワーをもらえるという。サルも仲間同士の「毛づくろい」によってネットワークを作り身を守るらしいが、その毛づくろいが人間でいう「雑談」なのだそうだ。

雑談はコンピューターではマネのできないとても高度な人間の能力らしい。人と出会

い、雑談をする。この毛づくろいが新たなパワーの源になるというのだ。なるほどと思う。

○月○日　Hさんから元気をもらう

毎日脇町を歩いているのだが、この町を担当するのはHさんである。Hさんはポジティブで元気が良い四九歳の男。私と同世代なので、スーパーカーなど共通の話題で盛り上がる。

先日、私が八万五〇〇〇キロ走行の中古の軽ワゴンを買ったのだが、Hさんいわく「八万五〇〇〇なんて新車ですよ。自分が運送で使っていた軽トラなんて、前のやつが四二万キロ、その前のが四三万キロ走ったから」とのこと。さすがに四〇万キロを超えたらエンジンは大往生するらしい。走っているときに静かにプツッと止まるそうだ。

それにしても言葉というのはホントに大きなパワーを持つと思う。言葉には二種類あって人に元気を与える言葉と、人から元気を奪う言葉。それまでボロに見えていた車が、八万五〇〇〇なんて新車ですよと言われれば、何だかそう見えてくるから不思議だ。すごく良い買い物をした気になってうれしくなる。

自分は知らぬ間に、人の元気を奪う言葉を発していないか。時々注意しながら、人に元気になってもらう言葉を使うよう心掛けていきたい。

○月○日　買い物難民を支える男たち

天気予報で徳島県を見たら北部と南部に分かれているのだが、販売パートナーさんたちにも南部組というのがあって、彼らはすごく酒を飲む。

夕べは阿南市で飲み会だった。みんな熱い。暑苦しい男たち。酒を飲むこと四時間、ずっと仕事の話で熱く盛り上がっている。現場でどんな工夫をしているか、お客さんとどんな素敵な出会いがあったか、スーパーのスタッフたちのこと、お互いに自慢しあいながらザルのように酒を飲む。こういうのはグチグチ言いながら飲むのと違って明るいし楽しい。エネルギーをもらえる。

だけど昨日は悲しいこともあった。私が販売していた頃の一番のお客さん、Iおばあちゃんが八四歳で亡くなったのだ。移動スーパーを創業した最初からの横綱クラスのお客さんで、私はいつも売上げをIさんに頼っていた。

毎回キウイを買ってくれるので調子に乗っていたら、食べ切れずに家に溜まってしまっていた、という事件もあったりして、移動スーパーの基本ルールをいつも勉強させてもらっていた。そのIさんが亡くなったという知らせを聞き、お家にお線香を上げさせてもらいにいった。昼間、元気に移動スーパーでお買い物をしたその夜、お風呂に入ろうとしてそのまま亡くなったらしい。

　同居されている妹さんと娘さんの話を聞くと、最近のIさんは足を悪くして遠方に出かけることができず、移動スーパーでのお買い物が唯一の楽しみだったとのこと。私が販売に行っていた時も、買い物の度に元気になって楽しそうに話をしてくれていたそうだ。感謝とともに心からご冥福をお祈りしたい。

○月○日　ルーツは元気をくれる？

移動スーパーの仕事は肉体的にはとても大変な仕事なのだが、なんでやってられるかというと、人と接するのが楽しいからだ。

お客さんのおばあちゃんたちと話をしていると、いつも元気をもらえる。お年寄りは、経済的には「生産人口」ではない（ということは国のお荷物のような扱い）のだが、知恵や癒しという観点からすると、とても大きな力を発揮してくれているように思う。

また、販売パートナーさんたちと話をするのも楽しい。今日は夕方からはHさんとの面談だった。Hさんは疲れているはずなのに、あいかわらず面白いことばっかり言って笑わせてくれる。何度も真剣モードに戻そうとするのだが無駄に帰す。話しているうちに大きな元気をもらっている。いつかもらったパワーのお返しをしなければ、と思う。

夜、面談が終わってから、カーステレオでローリング・ストーンズを聴きながら帰ってきた。ストーンズは私の大好きなルーツ・ミュージックである黒人音楽、ブルースの系譜だ。そういえばブルースだけでなく、沖縄音楽やレゲエなんかのルーツ・ミュージックも魂に元気をくれる。そこでふと気づいたのだが、「ルーツ」は人に元気をくれるものなのかも。私が日々、おばあちゃんたちと話をすると元気になる秘密は、そこにあるのかもしれない。お年寄りは私たちのルーツなのだから。

以上、日々のブログより。

悩みは、聞いてくれる人がいるだけでもずいぶん楽になれる、というのはよく聞く話だが、それはやはりペッパー君のようなロボットでは難しいだろう。生身の人間だからこその効果なのだと思う。ＡＩやＩＯＴ技術の発展で、これまでの人間の仕事が半分近くも無くなってしまうと言われている。それが本当なのかどうか知らないが、私はそんな時代だからこそ、逆に生身の人間の値打ちが上がってくるのではないかと思っている。ほとんどの人類が、人生の膨大な時間を、スマホの小さな画面を擦ることに費やしているこんな時代だからこそ、生のコミュニケーションの嬉しさや楽しさが、より大きく感じられるのだ。

そうして見ると、井戸端会議や雑談、無駄話、おしゃべりにも意味があるのがわかる。若い頃は、年寄りがグダグダと細かいことをいつまでもしゃべっているのを見て、その生産性の無さに煩わしい（今風のウザい）と思っていたが、それは案外、人間にとって欠かせない大切な生きるための習慣なのかもしれない。

私の母親も、車で四〇分ほどの鳴門市に離れて暮らしているのだが、週に一度ぐらいは様子を見に行く。見に行っても少しの庭の手入れをしたあとは、何をするでもなく収穫物の果物などをつまみながらグダグダと話をしているだけである。近所の噂話とか昔話、体調の話……。たいていは一〇〇〇回ぐらい聞いたことのある同じ内容を、少しだけマイナーチェンジしたような話を延々としている。こちらはウンウンとうなずいて、時々コメントを入れるだけだ。

こういう母親とのコミュニケーションを、私は息子だから仕方ないので話を「聞いてやっている」と思っていたのだが、移動スーパーの仕事を続けるうちに違う観点もあることに気が付いてきた。要は話の内容でなく、グダグダと話をするその行為そのものに何らかの意味があるのではないか、と思うようになってきたのだ。言葉を通じて心を通じ合わせることによって、どこかお互いの安心や元気をチャージしているような感じ。もちろんハラスメントな親や家族で、逆に気が滅入ってしまうような環境もあるだろう。しかし別に家族でなくても構わない。人と人との気持ちの良いコミュニケーションが安心や元気をくれるのだ。

そう考えると、都会の会社人間で、一日のほとんどが家と会社との往復という、家族や仲間とのコミュニケーションがほとんど無いような状態では、エネルギーが枯渇してしまうのも無理はない。コミュニケーションこそがエネルギーの再生産の場なのだ。人間は体の食べ物だけでなく、心の食べ物も食べて生きている。給料だけでは幸せになれない。必要なのは給料にプラスして「時間」だ。人と話をし、ゆったりと自分を取り戻せる自由で豊かなひと時こそが、エネルギーチャージの大切な時間なのだと思う。

ゲストハウスでもらった大きな元気

さらにコミュニケーションの話を続けたい。

私は一年ほど前から移動スーパー事業に加えて、母の住む鳴門市大毛島にあるゲストハウスの運営にも関わっている。八〇代も後半の親戚のおばあちゃんが五〇年間経営してきた民宿を、クラウドファンディングで資金を集め、リノベーションしてゲストハウスに改装したものだ。そこで開業当初の数カ月、夜間の宿直として度々、国内外から来るゲストさんのお相手をしてきたのだが、これが想像以上に面白かった。

イタリアのフィレンツェで日本刀の骨董品店を営んでいるエミリアーノは五日間の連泊だった。昼間の移動スーパーの仕事を終えた後、ゲストハウスの宿直で、たっぷりといろんな話をして盛り上がった。日本各地のお祭りのユーチューブを一緒に見ながらワイワイと大騒ぎをしたりして、すっかり意気投合した。

彼は五日間、日中はずっと何時間も出かけていたが、何をして過ごしていたのかと問えば、ずっと海岸沿いに散歩をしてきたという。広重や北斎も描いたこの鳴門の海が本当に素晴らしく、それをずっと味わいながらリラックスした時間を過ごして自分を取り戻しているというのだ。何という豊かな時間の過ごし方だろう。なにがそんなに良いのかと聞くと、「だってユーが子どもの時からゴッホが大好きだとしたら、ゴッホの描いた風景の中を散歩するなんて夢のようだろ」というのである。なるほど。

話は逸れるが、先日、大阪で開催されていた「北斎展」を見に行った。北斎の例のつかみかかって舟を飲み込むような「大波」を観るためである。その迫力は見事だったが、その展覧会で私が気付いたのは、この独特の「つかみかかる爪先のような波頭」は、ある時期から描かれていて、それ以前は、これらに比べると穏やかな丸まった表現がされているという点だ。ここで私は初めて、北斎が「鳴門の渦潮」も描いていることを知ったのだが、この「鳴門」の波は例の爪先波である。そして図録を調べ、帰ってからネットなどでいろいろ調べてみたのだが、どうもこの「鳴門」以前に爪先波を描いた作品は見つからない。ということで、北斎は「鳴門」という作品で初めて、あの世界に冠たる爪先波の表現を発明したのかもしれない。さらに晩年、北斎は「渦」に飲み込まれるような宇宙観の表現に没入していくが、私は鳴門の渦潮が北斎に大きなインスピレーションを与えていたのではないかと仮説しているのである。

何はともあれ、人生で初めてイタリア人と過ごした五日間から私は多くの刺激を受け、それまで何十年も萎縮して小さくなっていた世界がドーンと拡がったように感じた。と同時に、自分の目には慣れてしまった鳴門の風景に新しい光を与えてくれた。

エミリアーノとは別れ際に、数年内に必ずフィレンツェに遊びに行くと約束をしたのだが、それは心のワクワクとして私の日常に大いに元気をもたらしてくれている。

フランスのパリから四国八十八カ所のお遍路さんをするためにやってきたとびきり陽気なセバスチャンは、巡礼最終日の宿泊地に我々のゲストハウスを選んでくれた。彼から教えられたのは、日本のセーフティーのすばらしさだった。歩いている一日中、ほぼ人を疑うことなく、ほぼモノを盗られることもなく、もちろんほぼ殺される不安や心配もない町や村というのは、ほんとうに夢のようにすばらしいというのである。そして通学の子どもたちが元気に挨拶をしてくれることにいたく感動していた。パリでは「知らない人にも挨拶をしなさい」などという平和な（能天気な）教育はあり得ないし、本当にトレビアンな事だというのである。

たぶんいくら「日本は安全だから良い」などと言われても、それが日本人の言葉だったら何のインパクトもないだろう。そこを、日常的にテロにおびえる欧米の都市から来た外国人に言われると、同じ言葉でも目からウロコなのである。人は何でも一旦手にしてしまったらすぐに慣れて有り難みを忘れてしまうが、自分の暮らす町が今現在平和である、というだけで実はかなり大した事なのだ。得てして自虐的であまり愛国者では無い私からすれば「日本にも良いところがいっぱいあるのだ」と素直に気付かされた出会いだった。

外国人だけでなく、日本人とのコミュニケーションも面白かった。

山口さんは六〇代の男性。長年、造船関係のお仕事をされてきて今は退職し、船舶免許取得の講師をされているという。その山口さんとゲストハウスの共有スペースでお酒を酌み交わし、これまでの人生の話を聞かせてもらったのだが、これがすこぶる面白かった。

山口さんの今現在の趣味は山に入ってイノシシや鹿の猟をすることだという。自作の罠を山に仕掛けて、時間が経ってから見にいくそうだが、何カ月もの試行錯誤の後、初めてイノシシがかかっているのを見た時には「やった」と言う喜びではなく「ヤバい」と思ったそうだ。もちろん仕留め方はちゃんと勉強しているのだが、なぜか「どうして良いかわからず」、罠の周りを一時間もただウロウロしながら阿呆のように回っていたと言う。それでいよいよになって、教科書通りにイノシシを仕留めたらしいのだが、良い感じにほろ酔いになってきた私には、そこでの山口さんのこの世ならぬ興奮が目の前で見るように伝わってきて、大いに楽しませてもらった。

ここで私は気付いたのである。何も映画やテレビといった用意されたエンターテイメントに走らなくても、今、目の前にいる人間の話をじっくりと聞くって、こんなに面白いんだということ。現代人の日常は、目の前に人がいてもスマホをひたすら触っていて、もう誰もそれを失礼と思わないぐらいに深く浸透しているのだが、やはり生のコミュニケーションに勝る楽しさはないのである。派手なロックのライブじゃなくても、島のゲストハウスで偶然出会ったおじさんの話をしみじみとじっくり聞くだけで、心の栄養と元気をもらえるのだ。人と人の出会いには、そんな根源的なパワーの源があるのだと思う。

歩く民主主義論

為せば成るは魔法の言葉

「為せば成る」という言葉がある。江戸時代の米沢藩主、上杉鷹山《ようざん》という人の言葉らしい。全文は「為せば成る、為さねば成らぬ何事も、成らぬは人の為さぬなりけり」。これには以前に武田信玄のオリジナルがあって、曰く「為せば成る、為さねば成らぬ。成る業を成

らぬと捨つる人の儚さ」。

この言葉を、私は通った高校の校訓で初めて目にした。朝登校すると、校庭にドーンと置かれた石碑にこの言葉が刻まれていた。高校は普通科だったので、校長や先生の訓示は例に漏れず大学進学のことばかり。彼らの話の冒頭かまとめには、決まってこの「為せば成る」の言葉が盛り込まれた。要するに、頑張って勉強すれば希望の大学に入れますよ、というわけだ。

今でもほとんど変わっていないが、当時は「良い大学」へ進学し「大きい安定した会社」に就職することが最も麗しい人生のレールだと考えられていて、それが先生と親や社会との完璧に一致した共通認識だったので、とりあえず先生の仕事は生徒を「良い大学」に入れることだった。そんな環境の中で私はこの「為せば成る」の言葉を刷り込まれたものだから、その後の人生でずっとこの言葉が嫌いだった。

「良い大学」の定義に曖昧さはない。偏差値というデータで、その頂点は東京大学だというのが誰も疑わない真理となっているのだから、東京大学に入れなかった私は「為さなかった」ダメなやつなのだ。以来私はこの「為せば成る」という言葉に親しみを持てなかったし、どこか嘲笑われているような気持ちにもなって目をそらしていた。もちろん感動や励ましをくれる言葉などではなかった。

そういえば、最近の徳島市長選挙に出た候補者の一人がこの「為せば成る」を選挙のキャッチフレーズに掲げていたのを思い出した。そうだ、彼はたしか私と同じ高校出身で東大卒だった。なるほど、私とは全く反対の立場で、受験成功者の彼にとってみればこの「為せば成る」は、栄光を約束する導きの言葉なのである。同じ言葉でも立場が違えば印象が一八〇度違う。正直なものだ。

そんな訳で私の中では押し付けっぽいこの言葉を、高校以来三〇年以上嫌いだったのだが、このところ心境の変化があり、じんわりと好きになってきた。

というのもこの言葉は、高校時代に先生方が使っていた「努力しなさい」という押し付け（励まし？）の意味とは違うのではないかと考え始めたからだ。そんな熱く指導的に気合いを注入するような言葉じゃなくて、実はもっとクールに世の中の原理を開示している哲学的な言葉なのじゃないかと思い始めたのだ。この際、乱暴かもしれないが、鷹山さんの本来の思いがどうだったかはあまり関係がない。自分がそう考える方が楽しいし役に立つのだから「これでいいのだ」ということで解釈を展開したい。

特に武田信玄の方の後半、「成る業を成らぬと捨つる人の儚さ」というところにヒントがあるのではないだろうか。これはどちらかというと「励まし」というよりは「嘆き」の言葉である。「なんでわかってくれないんだ」という嘆きに「バカどもめ」という嘲りのニュアンスも混ざっているかもしれない。私に言わせれば、武田信玄は悔しいのだと思う。「努力しなさい」と怠け者たちに無理に喝を入れているのではなく、「やったらできるのに何でわかってくれないんだ」という無念の言葉なのだ。

そんなことを妄想しながら私の考える「為せば成る」の意味は、「やった分だけ物事は変わる」という物理を、科学的に表しているクールな表現なのだ。「机の上のコーヒーカップを指で押したら五センチ移動した」というのと同じぐらい論理的な言葉なのである。そこに「東京大学」なんていう打算的な目標を社会の都合に合わせて当てはめるから、本来の言葉のパワーが削がれるのだ（まあそんなことで怒るのは私だけかもしれないが……）。

なので「為さねばならぬ何事も」も、経営者が社員たちに「やらなきゃダメだよ、一緒にやろうよ」というような熱い言葉ではない。「コーヒーカップは押さないと動かないよ」というぐらい当たり前の原理を示している。そして、（ココが大事なのだが）この科学的なクールな論理こそが、実は熱い言葉以上に私の心を熱くさせるし、みんなを熱くさせる強い力を秘めていると思うのである。「為せば成る」は「動けば変わる」という、阿呆のように当たり前で、それでいてこれ以上なく深遠な宇宙の原理なのだ。

理念だけを声高に叫んでみても何にもならない。頭だけいくらひねっても事態は打開できない。私のこれまでの人生の中でにじみ出てきた答えは「動いてみること」である。もしくは働いてみること。あるいは歩いてみること。

そう、私が三十年越しに再発見した「為せば成る」の意味は、「やっても変わらないよ」という諦めの態度を打ち砕く魔法の言葉だったのだ。


実際に動いてみるところから全てが始まる。

私が今取り組んでいる「買い物難民問題」は、市議会議員をしている時分からテーマにして、いろんな対策や事例を調査したが、どれ一つとして決定打となるような政策はなく、行政の「どうにも成らぬ難問」として共通認識されていた。

その思考はワンパターンだ。買い物に不便をしている地域に対して、行政が税金でスーパーを作ったりバスを運行したりするのは無理、それならばせめて規制緩和をして民間の自家用車で送迎ができるようにしようとか。タブレットで注文できるアプリを開発してスーパーから配達してもらおうとか。そんなアイデアを何千人もいる行政スタッフが一生懸命に考えて、首長が議会に説明して、「なんらかの対策をやっている」という風を取り繕うのだが、実際に困っている現場は何も変わらない。変わるはずがないというのがいつものパターンなのだ。

これでは、直接現場に使う税金もそうだが、行政スタッフの仕事時間（人件費）が本当にもったい無いと思う。行政や首長はよく、これは「社会実験」で、そこから得られたデータをより良い政策に生かしていくとか言うけれども、それは「やって見なければわからない」という段階まで計画の精度を高めてからやるべきことで、たいていは最初から誰が聞いてもうまくいくはずのないプランなのだ。時間と人件費の壮大な無駄である。

行政だけではない。民間の方も、移動スーパーが有効なのではないか、と考えたりするのだが、「売れ残りロスを考えると収支が成り立たない」「ニーズはあるだろうが十分な売上を確保するのは無理」と机上の計算をして、すぐに諦めてしまっていた。

さて、そんな買い物難民問題は、なかなか突破口の見つからない大難問だったのだが、私たちが取り組み始めてわずか七年、私の住む徳島県では人口の実に九割以上を我々の移動スーパーがカバーしてしまったのである。ちょっと大げさで叱られるかもしれないが「徳島県の買い物難民問題を九割方解消した」と言ってもあながち外れていないと思う。

なぜそんなことができたのか。我々が天才だからか。そうではない。この七年間を振り返ってみると、どこにも天才的発想などはなく、そこにあったのは、課題を解決するためのちょっとした工夫と、あとはただひたすら信じて歩くという粘りだけだった。

それは何よりまず、我々が常識にとらわれなかったところから始まったような気がする。つまり、「買い物難民問題は解決しようのない行政の難問である」という常識だ。ここにとらわれてしまったら動きが止まってしまう。動きが止まってしまったら何も始まらない。ところが我々は、少人数であっても、七年間動きを止めずにモソモソと現場を歩き回っているだけで、徳島県の買い物難民を九割以上もフォローしてしまったのだ。「為せば成った」のである。

北朝鮮問題も動く

なので「常識」のない私は、例えば北朝鮮問題なんかの大きな問題でも、どうしようもなく動かしがたい難問ととらえてしまうから硬直してしまうのであって、やはり動くことに事態を打開するカギがあると考えてしまう。アントニオ猪木さんの思想については詳しくないが、ほかの政治家には無い、彼の何度も訪朝するという姿勢に少なくとも問題解決の可能性を感じる。

理屈ではない。何度も会って話をしていれば、たとえ議論として一歩も歩み寄ることが無かったとしても、最低限、そこに自分と同じように息をして生きている生身の人間がいるのだ、ということをお互いに実感できる。それを、民族衣装を着たオバさんががなり立てる宣伝ニュースと、支配者のお兄さんの変なヘアースタイルだけを見ているので、拉致問題などを重ね合わせると、短絡的に「ぶっ潰してしまえ」となるのだ。
だけど私は許されるならば、やはり現地を見てみたい。そこに行けば素敵な女性や、気の合うナイスガイや、かわいい子どもたちもいるだろうし、何より私は、何十年も鎖国していた町なんて観光するのにワクワクする。

もちろん拉致問題は深刻で許しがたい問題である。「太陽と北風」でいうならば、経済制裁という北風政策も私は完全に否定するつもりはない。長い時間をかけて効果が出る場合もあるだろう。しかし普段の人間関係でも同じだが、北風政策での「解決」は、どこかに遺恨が残るものだ。現にイラク戦争なんて、その後のテロ被害を含めて考えたときに、果たしてアメリカが「勝利した」という決算書になるのかどうか私は疑わしいと思う。というか、「問題解決」をもって勝利と定義するならば、イラク戦争は完全にアメリカの敗北だろう。戦争は問題解決にはならない。暴力で支配するというハラスメント構造を再生産するだけなのだ。

この原稿を書いている今日から韓国の平昌で冬季オリンピックがはじまった。今回は政治オリンピックなどと呼ばれて、南北が統一で参加することが話題になっている。入場式では南北の選手たちが笑顔で半島統一のフラッグを降りながら行進した。これに対し日本のマスコミは、こぞって否定的な報道をしている。いわく、北による経済制裁緩和のためのパフォーマンスだと。

　しかし私に言わせれば、マスコミも硬直した思考パターンに陥っている。私は、カタチから入るのもありだと思う。分断された南北の選手が一緒に笑顔で行進するのは誰が何といっても良いことだ。もちろんそこには政治的思惑がずっしりと詰まっているのはわかっている。誰がニンマリとしているのか、私は知らない。長く政治や自治体権力の中枢に関わった経験のある私は、政治には深い水面下があることをよく知っている。表と裏が正反対ということもよくある。今回のオリンピックの政治劇では、北と南の政治的トップの利害が一致し、日本は面白くない、ということをマスコミが解説してくれるが、本当の深いところは彼らにもわかっていないと思う。

　政治の世界では、リークされてきた情報にはたいてい誰かの思惑が絡んでいる。マスコミを通じて我々の耳に入ってくる段階では、その思惑の絡み合った複雑な事象が、ありえないぐらいにバッサリと、誰でもが食べやすい形に料理されているのである。それこそ原型をとどめないぐらいだ。信じられないかもしれないが、マスコミのターゲットになったことのある人なら全肯定してくれるだろう。

　私も吉野川住民投票の条例制定の時には、渦中の市議会議員としてテレビカメラに追いかけられた。車で移動している時も、ずっとタクシーで追いかけてくるのである。別に私は大物政治家でも芸能人でも無いし、犯罪やスキャンダルじゃないんだから、追いかけられても一向に構わないのだが、問題はその中身だ。

これが、真実を追求することとは程遠く、マスコミが描いたシナリオ通りのワンシーンを撮りたいがための、いわばほとんど「創作」のためのものなのだ。インタビューなども、大切な部分は全部カットして、一言だけ意味がネジ曲がるように前後を編集して使うなど朝飯前なのだ。完全な創作とか捏造とかヤラセとか、ニュース番組にまさかそこまでは無いだろうと思うかもしれないが、かつて追っかけられた経験のある私はマスコミの恐ろしさを身にしみて知っている。

良い感じでインタビューに答えられたと思っていたら、次の日にみんなから電話がかかってきて、なぜか私に対して怒っている。それでニュースの録画を見ると、インタビューの中の一言が切り取られて、信じられないような関係のない文脈の中に置かれ、意味的には正反対の使われ方がされているのである。

そんな経験をして以来、私は客観的な報道などほとんど無いと思っている。よくヘンテコな地方議員が公費の調査費で遊び歩いたり、不倫なども後を立たないが、私はほとんどお笑いバラエティのつもりで報道を見ている。不正をただす正義のジャーナリズムとはとても思えないのだ。見ている方も面白がっているのだから、政治であろうが外交であろうが、芸能ネタと同じように、より面白おかしく編集するのがマスコミの仕事なのだろう。こちらもリテラシーを身につけて、あまりまともに受け止めてはいけない。

そんな調子で、政界にも芸能界にも、右にも左にも睨みを利かせて、第三の権力を確立しているのがマスコミなのだ。まあそのマスコミも、資本主義の中でスポンサーという資本に生殺与奪の権を握られているのではあるが。

閑話休題。私が今回のオリンピックを肯定するのは、ただ一点からである。スポーツだから、厳しい国際関係ではあっても自然な形で同席できるということ。安倍首相も金委員長の妹と握手をして「五分ほど話をした」とのことだが、私は話の内容もさることながら、その握手で感じる体温にこそ意味があると思うのだ。その体温から、あるいは体臭から、お互いに目を合わせた目付きから、何か全く別の展開が起こってくることがあり得る。生身を感じるという経験は、間接的な情報のフィルターを剥ぎ取った全く別のフェイズを露わにしてくれる気がする。もちろんだからといって楽観視はできない。この原稿を書いている数カ月後にはどういうことになっているやら。しかし、何はともあれ生の経験に立脚するのは、政治判断をする上で少なくとも悪いことではないと確信するのである。

私は市議会議員をする前は、父の仕事を手伝って損害保険の代理店をしていた。当時の損保代理店は、契約者が交通事故を起こすとすぐに現場に飛んでいって、解決までをどっぷりとサポートするのが普通だった。私は七年間この仕事をしたのだが、その間、二〇〇件近くの事故を処理した。交通事故は悪い相手に当たると大変である。当事者は精神を病んでしまうぐらいに悩まされる。ただ怒りをぶつけてきて全く示談に応じないような人もいる。だけどそんな人間も、何度も家まで会いに行き、心を尽くし、あの手この手でアプローチしていけば、ふっとした時点から心が氷解するのを私は何度も目撃してきた。

交通事故と北朝鮮問題を一緒にするなと叱られそうだが、同じ人間の所作である。本質に違いはないと思うのだ。

為せば元気が出る

成る業を成らぬと捨つる人の儚さ。我々は本当にその物事の本質を捉えて「成らぬ」と切り捨てているのか。マスコミや権力者の思惑、そして自分自身の思い込みを剥ぎ取って見ると、それらは案外、成るものなのではないのだろうか。

そういえば、我々が住民投票で中止させた吉野川可動堰建設問題の時も、初期の頃の周囲の反応は「成らぬ、成らぬ。お上のすることに反対なんかしても中止には成らぬ」という声が大半を占めていた。世の中のことを全て分かったような顔をしたジャーナリストが「長良川河口堰の二番煎じですから世論は盛り上がりませんよ」と、したり顔で語っていたことを思い出す。まだ二十代で世の中を知らない私はそれを聞いて、「そういうものか」と諦め気分になったものだ。

経験豊かな大人たちがみんな、運動に共感はするが、勝利は「成らぬ」と予測してくれる。そんな中でリーダーの姫野さんは「成る業である」と本気で考えていた。我々も姫野さんが言うのだからと付いて行き、最終的にはコツコツと歩いて署名を集めることで住民投票を実現させ、日本の歴史で初めて住民投票によって国の大型公共事業を中止に追い込んだのである。多くの大人たちが口を揃えて「成らぬ」とアドバイスをしてくれたダム計画の中止は、努力と工夫次第で「成る業」だったのである。

そんないろんな体験をしてきたものだから、私の考える「為せば成る」は、どんなに困難な状況であっても、動けば必ず事態は打開されるし、希望の光は見いだせる、ということの世の摂理なのだ。空虚な励ましの言葉ではない。現に私が体験してきて確信を得たものである。そしてそうだからこそ「成った」時にはこの上なく痛快で楽しい。

なにも私が、いつも元気いっぱいで希望に溢れているテンションの高い人間だというわけではない。私はどちらかというと物事を暗く考えがちな人間だ。ただ、これまでの転がる人生の中で、こんないろんな経験をしてきたものだから、何に対しても「絶望する」ということが物理的に（?）できないのである。阿呆のように、為せば成るような気がしてしまうのだ。

さてこれは、別の言い方をすれば、世の中に決まりきったもの（あらかじめ真実であるもの）など無い、ということでもある。こういう話をするとどうしても「励まし」のニュアンスが混ざりこんできて、哲学的な意味合いが薄まってしまうのだが、これは逆に考えると励ましどころか恐ろしいことでもある。つまりこの世には、しがみついていれば間違いのない真実とか教えとか神とか、そんなものは無いということにもなるのだ。なんだか足元がふわふわして頼りない感じになる。この世は虚無なのか。はてさて、これをどう考えればいいのだろう。

アメリカ発祥のプラグマティズムと言われる哲学がある。実用主義と訳されたりする。世の中には決まり切ったような真実はなく、やってみて、うまくいくのならそれを真実と言っても良かろう、というような哲学だ。

このプラグマティズムに倣ってみると、真実は無いのではない。「作られる」のだ。それも誰かに与えられたり、どこかで売っているものではなく「手作り」だというのである。

世の中の真理はこうなのだからこう考えなさい、こう生きなさい、という押し付けがない。他力本願じゃない感じ。というか他力には、どこか一方的な価値観がへばりついているので、そこを逃れたいならば、真実を「手作り」しなさいというのである。

私はこの「真実の手作り」こそが、これまでも、これからも求められる、新しくて楽しくて正しい民主主義のカタチなのではないかと密かに思っている。

DO IT YOUR SELF……。自分たちの新しい現実をＤＩＹで作ること。ダムのない川も、買物難民問題の解決もＤＩＹだ。これは今さら私が口角泡を飛ばさなくとも、すでに世界の潮流となりつつある。アメリカ西海岸のポートランドという町では、ＤＩＹピーポーと呼ばれるクリエイティブな人たちが続々と集まってきて、手作りで幸せを感じられる新しいライフスタイルを実践しているらしい。

数年に一回の選挙で、イケてない誰かに一票入れるだけが民主主義なんてあまりにも貧しくて面白くない。新しい現実を自分たちの手で、手作りで作っていくのが、本来のワクワクする民主主義なのだと思う。政治家を選ぶのも大事だが、自分たちの未来を切り開く主人公は自分たちだ。

あらかじめ決まった未来なんてない。それは自分たちで造形していくものだ。そして私が長年、自分自身を実験台にして研究したノーベル賞クラスの大発見（笑）は、「為せば元気が出る」ということなのである。

為すのが民主主義、そして為せば元気が出る。誰かの価値観の押し付けじゃなく、自分で決めて動くこと。そこに元気の秘密がある。それを、学歴や財産や仕事のステイタスといった、自分の外にあるモノサシを基準にして考えるから元気がなくなる。私がなぜ、いろいろ問題も多い民主主義という社会形態を支持するのかといえば、それはひとえに、元気が出るから、ということに尽きるのである。

フィクションの別れ道

話題になっている『サピエンス全史』という本によると、人類の歴史の中で、我々の先祖ホモ・サピエンスは、フィクションを作りそれを共有することでお互いの協力が可能になり、今日の繁栄を築いたという。我々はホモ・サピエンスという共通の祖先を持っているが、一〇万年前には、ネアンデルタール人やホモ・エレクトスなど少なくとも六種類の人類（ホモ属）が同時に存在していて、その中でサピエンスだけが現在生き残っている、という説が強力であるらしい。その生き残りの秘密が、「フィクションを信じる力」だったと言うのである。

例えばお金や法律。これらはもともとフィクションである。お金もコインや紙幣などがあるし法律も六法全書に書かれた文字という現物があるが、「お金や法律そのもの」を見せろと言われれば物理的にそんなものは無い。千円札はお金の価値を表した代替物に過ぎないし、法律の条文もそれをみんなが信じ、従っているだけだ。どこかに目に見えるモノとしての法律などない。

それらは「在ることにしよう」とみんなで決めたフィクションで、一旦信じることができれば、それは実際に機能する現実（ノンフィクション）となる。何時にどこそこで待ち合わせよう、うまくマンモスを倒せることができたら肉を人数分に分けよう、今回のプロジェクトリーダーは彼だ、作戦は……。こんな風に、目の前に現物が無いものを信じ合うことで、我々の祖先はマンモスの肉という現実を得て進化してきた。一方、ネアンデルタール人やホモ・エレクトスなどはそこの能力が無い、もしくは弱かったので絶滅したというのだ。

ただこの「フィクションを信じる」という能力は、良い事ばかりではなく、他の種や自然環境にとっては敵対する脅威だった。北アメリカのサーベルタイガーや体長六メートルもある大ナマケモノなど、それまで何千万年も生きてきた動物たちを瞬く間に絶滅させてしまったのだ。同じ地球上の仲間の歴史を無慈悲に途絶えさせるこの「フィクションを信じる力」というものは、それ自体で善も悪もない、とにかく強大なパワーそのものなのでである。

まあそのおかげで今の我々は存在しているのだが、このフィクションを現実に変えてしまうという方向には、私は二つの道があると思っている。

すなわちブラックな道とホワイトな道である。

ブラックな道は、「絶望」というフィクションを現実に変えてしまう。国による外交が行き詰った時に、それを絶望と捉える想像力は、我々を戦争というブラックな選択肢へと誘引する。受験に失敗したり、いじめにあったり、会社のノルマをこなすことができなくて絶望した人は、自分を自死へと追い込んだりする。それはフィクションじゃないか、といくら周りが指摘しても、信じ込んでしまったフィクションは彼の中でどっかりと居座ってしまっているのだからどうにも変えがたい。

多分ネアンデルタール人は、マンモス狩りに失敗しても落ち込むということはなかったのではないだろうか。「準備した槍の数が少なすぎた、甘かった、俺の責任だ」などと自分を責めて落ち込むのはホモ・サピエンスだけだったのだろう。フィクションを信じる力は、マンモスを獲る力にもなるが、時に自分や他人を殺す力にもなる。それがブラックな道である。（体長六メートルの大ナマケモノを絶滅させたのが果たしてブラックな道だったのか、それは議論のあるところだ。動物園というテクノロジーを持った今だからこそ「見てみたかった」などと呑気なことを言っているが、さすがにこいつがその辺をウロウロ歩いていたら、我々は果たして猫と同じように愛でることができていたかどうか……。）

ここで少し自問自答。フィクションじゃない絶望もあるのではないか。例えば病気で余命を宣告されたとか。命を長引かせることそのものに対しては現実的にほぼ絶望というような状況はある。私にとって普通の一日である今日も、近所の病院の診察室ではそんな絶望的な話が繰り広げられているのだろう。たまたま今日はそれが自分の番では無いだけ。ノンフィクションの絶望。そんな場合、希望はどこにあるのだろうか。いつでも希望を持てというのは無責任で能天気すぎないか。確かに。

まあしかし考えてみたい。我々は知らされていないし、考えないようにしているというだけで、本当は一人残らず全員、余命が決まった存在だ。そこで命を永らえさせることだけが希望であるならば、夜の闇の中で一人、来るべき死に覚醒する時、我々の前には絶望しかないではないか。死という絶対真実。決まり切ったものなどないというけれども、死だけは決まっている。人間だけが死を認識できるというが、そこで我々は全員、まずは自殺か生きるか、が問われているのである。

そんな選択はしていないと言うだろうか。しかし自分を死なせる能力がある以上、意識するしないに関わらず、我々は生きる選択をしている。それは取りも直さず、絶望か希望かの選択であるし、そう考えれば、いざ生きると決めたならば、やはりそこは「どこまでも希望を捨てない」という方が馴染んでいるし、理に適っているのだ。それを、「生きているけれども絶望している」という中途半端な、本来の選択に馴染まない状態でいることが大きな苦しみを生み出している。生きるならば、希望を持つことが自然であり、生きるエネルギーである元気は希望から汲み出せる。

絶対的にあらかじめ準備されているのは死だけだ。死は、自分では決められないノンフィクションだ。それに対し希望や元気は「手作り」なのである。自分の手でノンフィクションを作り上げていく道だ。一見頼りないけれども、我々の目の前には、世界という、ネタが無尽蔵のワンダーランドが拡がっている。その世界の中に飛び込んで、フィクションを現実の真実に変えて行くのが、我々の生きる道なのだと思う。

希望から始まる

絶望から始まるブラックな道に対し、ホワイトな道は「希望」から始まる。

なんとかなるのではないかという希望。これまたフィクションである。頑張ったらマラソンを完走できるのではないか、国交回復できるのではないか、生活を立て直すことができるのではないか……もちろんそんな希望に根拠なんかない。虚構だ。頼りない。しかし行先は見えていなくとも、ひとまず希望を胸にコツコツと歩き始めるのだ。

コツコツの道は長い。一年、二年、三年……一〇年。嫌になるぐらい長い。しかし歩き続けることによって、徐々に新しい景色が開けてくる。道は真っ直ぐではない。方向が変わってくるかもしれない。当初の目標に置き換わって別の目標が見えてくるかもしれない（それが普通だ）。そして気がついたらフィクションだったはずの希望がいつの間にか現実になっている。これがホワイトな道である。

我々の目の前にも、そして自分の内側にも、常にブラックな流れとホワイトな流れがあってせめぎ合っている。

ブラックな流れは、たいてい誰かの傲慢な価値観に支配されている。権力者だったり、国の官僚だったり、学校の先生だったり、上司や社長や株主だったり。価値観の押し付けがブラックな……人を殺す流れを作る。一方、ホワイトな流れはＤＩＹだ。自分自身を信じて、自分の選んだ道を歩く。誰かに支配されていない、自分を生かす道である。

私は何も国に従うなとか、会社や学校に行くなということが言いたいのではない。誰でも何かの組織に属してないと心細いものだ。私もこうして好きなことを書けるのは、日本国民でいるからじゃないかと言われれば、疑いもなく否とは言えない。

逆にいうと、我々も組織の一員だからこそ、その健全化のために、時には流れに抵抗しようということである。国民が従順だと国力は弱くなるという。ブラックな流れを喝破し、健全な流れを取り戻すには、声をあげ抵抗する国民が必要なのだ。デモなどで、時には抵抗するぞという姿勢を示すことが、強い国（国民の人権が尊重され健やかに生きられる国）を作るのである。

ホワイトな流れを作るツボは、歩くこと（動くこと）だ。コツコツと歩いて現場を経験し、またコツコツと歩いてそこを乗り越えて行くこと。

これが今、私が大きな声で皆さんに提唱したい「歩く民主主義」なのである。

生き延びるための依存論

マッドマックスに見る支配構造

それにしてもひとりぼっちの抵抗は弱い。ブラックな力は、まつろわぬ者に対して恐怖や脅しで支配しようとしてくる。命を脅かしてきたり、経済的に脅かしてきたり、道徳的にお前はダメだと脅かしてきたり。命に、お金に、心に揺さぶりをかけてくる。これがブラックのやり方である。これに対してたった一人で抵抗するのはキツい。ここは助け合う仲間が欲

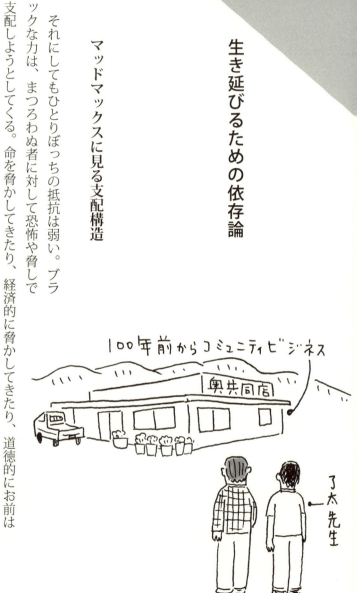

しいところだ。

「依存」と言えば、どことなくネガティブな響きだが、人は助け合わなければ生きていけない。お互いに依存しあって生きているしそれが命綱だ。ただ、命綱はその名の通り命を預けているのだから、これがたった一本では非常に危うい。一つのものに依存するのは危険である。その一本の拠り所に生殺与奪の権を握られるのだから、それに頼っていては自由の幅が狭められるし、常にビクビクして騙しだまし生きていかなければならなくなるだろう。

例えばエネルギー。原子力に依存するということは、いざ災害や事故やテロなどで爆発すれば、その土地で生きていくことができなくなるという、極度に大きいリスクを伴う。こういう依存は、いくら安全だから信用しなさいと言われても絶対に信じてはならない。幸い、福島第一原発事故以降、日本中の原子力発電所が全て止まったとしても電力は足りているということが証明されたので、我々は自信を持って電力会社というお父さんの言うことに抵抗できる。これが、全ての生活や経済活動を原子力に依存している状態であれば、「言うこと聞かないと電気を止めちゃうぞ」と言う脅しが効いてしまう。

『マッドマックス・怒りのデスロード』という傑作のディストピア映画がある。この中で村の民衆たちはイモータン・ジョーというバケモノのような人間に完全に支配されている。ウォー・ボーイズと呼ばれる洗脳された戦闘員の男たちをはじめ、生きるも死ぬも全てを支配者のイモータンに握られているのだ。

ここでイモータンが独占しているのは水である。水源をイモータンに押さえられているのだ。村人たちにとって生きるために欠かせない水を、出したり止めたりするのはイモータンの胸三寸なのである。村の周囲は荒涼とした砂漠で水はどこにもない。これではひとたまりもなく支配されてしまうだろう。

さらにイモータンは、水にたかる民衆に向かって「水にとらわれるな、屍になるぞ」とか言って偉そうに説教をする。ここがポイントである。国のトップにしてもブラック企業の社長にしても同じ構造だ。すなわち「私は、あなたたちのことを考えてやっているのだぞ」という嘘をつくのだ（この嘘は本人も嘘だと気づいていない場合が多いからタチが悪い）。

元気な男たちはイモータンに気に入られようと自ら進んで忠誠を尽くす。イモータンは彼らに、自分のために死んだものは死後、「英雄の館」に連れていくと約束をしている。命綱を押さえた上で、大義というフィクションを信じさせることによって親衛部隊を作り、支配構造を作り上げているのである。国家であっても企業であってもブラックな組織の支配構造は基本的に同じようなものだ。

物語は、イモータンによって幽閉されていた「子産み女」と言われる女性たちが脱出するところから始まる。逃げ出して抜け殻になった牢の壁には「私たちはモノではない」と書きなぐられている。そう、支配者は人間をモノとして扱うという点が共通だ。イモータンのことを救世主だ、英雄だと叫ぶウォー・ボーイズに対して、脱出した子産み女の一人が叫ぶ。違う、ペテン師だと。彼女は今やイモータンの砦を抜け出し、マッドマックスや仲間たちと緑の大地という希望を求めて走り出している。なので本当のことが見えているのである。

依存先を一つのものに頼るのは危ないという話である。これが例えば、あちらこちらでオアシスがあって、水が確保できるとなった途端に支配構造は崩れるだろう。イモータンに英雄の館など約束してもらわなくても、それぞれが誇りを持って生きられるに違いない。

我々のエネルギーも、たった数社に支配されている今の構造から脱却し、各地の再生可能エネルギーで地域の活動が賄えるならば、原子力発電所は自ずと消滅していくだろう。そしてそれは喜ばしいことに、すでに世界の潮流として始まっている。再生可能エネルギーのコストダウンと、省エネ技術の進化が劇的に進んでいるので、企業が利益確保のために先を競って取り入れ始めているのだ。今後、それぞれの地域で再生可能エネルギーを確保することによって、原子力発電所という巨大なリスクを回避することができるようになるだろう。そしてそれは、とりもなおさず地域の元気につながっていく。

おまかせにしてきた国のカタチ

人間は誰かに依存しなければ生きられない。しかし依存先を一本にしておくとやられてしまう危険性が大きい。そこで、依存先を分散させておくことにヒントがある。エネルギーは分かりやすい例だが、国家と地方の関係でも同じことが言えるだろう。

地方分権が言われはじめて久しいが、私はとにかく権力を分散させておくことに賛成である。自治の理念は、戦争の悲劇を生む全体主義に対する反省からヨーロッパで生まれた「補完の原理」に根ざしているという。すなわち、意思決定は、より小さなコミュニティでなされる方が現実に即したより良いものになり、それより大きな枠組みは地方の担えない部分を補完するだけで充分という考えだ。

全てを国家にお任せにしてしまうから、戦争に巻き込まれてしまう。それぞれの地方の意思決定権が大きいほど、全体主義の悲劇を回避できるだろうというものである。

日本でも二〇〇〇年には地方分権一括法ができ、国からの多くの受託事務が自治事務へと移行した。地方のことは地方で決めなさいということだ。これには、国の財政事情が厳しいので、これまでのように補助金で何もかもできないという意図も透けて見えるが、分権そのものの流れについては、私は歓迎すべきだと思っている。

戦後ずっと日本は、土建国家と呼ばれるほど、国からの補助金に頼った公共事業で経済成長を遂げてきた。国民は公共事業を投げてくれる中央官僚に対して「お上」と呼び、その権限に屈した。お上からの公共事業の誘引に熱心な人が土建業者から応援してもらって政治家となり、さらにおいしいことができるように法律を作ってきた。政治家と官僚と土建業者の三者がウィンウィン（?）で「経済成長」できるように牽引してきたのが二〇〇〇年頃までのこの国の形だったのである。

こういう経済成長には中央集権が馴染んでいた。国が絶対的な権力を握っているほど、事業はしやすかった。一部の人が大金儲けをし、他の人はそのおこぼれで生きていく。そのおこぼれがそれなりに大きくて、「いつかはクラウン」（昔のトヨタの広告のキャッチフレーズ）とばかりに出世を夢見て生きていられた時代である。しかしイケイケどんどんのその裏で、本来、政治行政に期待される仕事である、将来を見据えた政策がポッカリと抜けていた。

国の政策は短期、中期、長期の視点が必要だろう。短期だけを考えるなら、借金をして物を買って豊かになればいい。だけどそれは将来にツケを回す。そのツケが自分自身に回ってくるのならまだしも、子供や孫たちに押し付けるのだからたまったものじゃない。まだ個人の借金なら、貸し手の銀行なりが返却能力を考えて貸すのだが、国の場合は自分たちで申し込んで自分たちが認めるのだからブレーキが効かない。本来は政治家がそのブレーキ役でなければならないのだが、公共事業の欲しい人ばかりが政治家になっているものだから、ブレーキどころかみんなしてアクセルを踏みまくってきたのだ。

挙句に日本は一〇〇〇兆円を越す借金大国になった。税収が六〇兆円ぐらいだから一五倍以上である。年収三〇〇万円の人が、生活費が足りないので毎年二〇〇万円以上借りて、借金総額五〇〇〇万円になっています、今後も借り続けます、というのが日本の財政状況だ。

個人の借金と国の財政は違うよ、という言葉は何回も聞いたことがある。私も安心したいので、それは良かったと耳を貸すのだが、残念ながら私の頭が悪いのだろう、スッキリと理解できる説明を聞けたことがない。多重債務者が、あちらにもこちらにも眠っている財産があるので安心して金を貸してくれ、と言っているように聞こえる。

まあ私が思うには、国の枠組みや骨組みが安定している限りは、永遠にお金を印刷して借金を続ければ問題はないのかもしれない。しかし今、少子超高齢化の時代に入り、これからは少ない人数で多くの高齢者を支えていかなければならない。昔は大勢で一人のお年寄りをみこしに担いでいれば良かったのが、数年後には、三人で一人のお年寄りを支える時代になる。そこで予想できるのは、重税の負担に苦しむ国民と、放置されるお年寄りの大群（私もその中に入る）だ。道路、橋、公共施設は建て替えやメンテナンスもなく、町が荒れ、さびれてくるだろう。映画で描かれるディストピアのイメージだ。国の権限に一極集中して依存してきた結果、我々の未来の希望が見えなくなっているのである。

もちろん地方に権力を分散したからといって、それで必ずしも良くなる保証はない。国と同じように地方も愚かな選択をするかもしれない。だけど少なくとも、東京に住む中央官僚たちよりも、そこに暮らす自分たちの方が、その土地に必要なものは分かっているだろう。いやもしかすると分かっていないかもしれない。これまでずっとお上に「おまかせ」にしてきたのだ。決定権が無いのだから考える訓練や習慣ができていない。すぐに麗しい選択ができるかどうかは分からない。しかし少し長期的にみてはどうだろう。政治家選びにしても税金の使い道にしても、自分たちで決めたことが即、自分たちに振り返ってくるのだ。学校の施設や授業料、どこに道路を作るか、病院の自己負担割合をどうするか、観光誘致をどうするか。例えば徳島県では、教育は大学も含めてタダだけど税金は高い、お隣の香川県は大学の授業料は高いけど税金は安い、高知県では生まれてから死ぬまでずっと月一〇万円のベーシックインカムが支給される……こんな政策を「自分たちで決める」ことができれば政治家選びも必死になるのではないだろうか。

市民が自分たちでヨーロッパに視察に行って勉強をするかもしれない。あるいは政策と環境を掛け合わせて自分の住みたい自治体を選ぶ人も出てくるだろう。何れにしても、「自分たちで決める」ことは楽しいし、元気がモリモリと湧き上がってくるに違いない。開拓者精神がかき立てられるからだ。

まあこんな事を述べ立てると、そのスジからは「ナショナルミニマム」という反論のキーワードが帰ってくることが予想される。いわく、日本人で生まれたからには全国一律にサービスが受けられなければならない、なので全国統一の規格だと。

小学校のグランドは、これだけの面積がなければなりません、教室の天井高はこれだけです、そうでなければ認めませんとか。この川は計算上、ダムを作らなければなりませんとか。等々、この国は端々までナショナルミニマムの規制が行き届いている。

本来ナショナルミニマムは素晴らしい理念だ。すべての国民が差別なく、均等に暮らしやすさを享受できるという理想的な考え方だと思う。しかし実際には、その名の下に、有無を言わさぬ押し付けがなされてきたのも事実なのである。だから、村の空き地に自分たちがＤＩＹで小学校を作る、なんていうワイルドでワクワクするような取り組みは、あらかじめお上に「ならぬ」と押さえつけられてきたのだ。こんなナショナルミニマム政策がもう随分長いので、私たちの開拓者精神は萎えてしまっている。それを、いくら会社の中で新しい製品の開発を任されても、新しい販売先の開拓を任されても、目的が会社の利益では、いまいち開拓者の魂は満たされない。金儲けは本当に大切なものだが、魂はそこからはみ出したところで命を実感することを求めているのだ。

もちろん、ナショナルミニマムに則った国の法律の多くは、引き続き必要だとは思う。高速道路の形状が、地域でいろいろ個性的だったら危なくて仕方ないし、海賊が襲ってきたら自分たちで戦え、なんて言われても困る。人権の尊重なんかは憲法でビシッと定めておいてほしい。そこは例の「補完の原理」で、より大きい枠組みが担うべきところだ。

しかし私がナショナルミニマムを問題だと思うのは、無駄な公共事業と莫大な借金もさることながら、とりわけ我々の開拓者精神、ＤＩＹ精神が萎えさせられてきたという点だ。私は、現代社会の問題の最大のものは何かと聞かれれば、「生きることが面白くない」「あまりにも義務ばかりだ」ということを挙げたいと思うのだが、その原因は、一つのものやシステム、会社や学校や国に依存してしまっている、あるいは支配されていることで、自分の内にある野生の魂が眠らされているという点にあるような気がするのだ。

コミュニティビジネスの元祖、共同売店

一つのものに依存すると支配される。たくさんの依存先のネットワークを作ることによって支配から逃れ、本来の自分の命を生かすことができるようになるのではないだろうか。なので私は、今の地方分権や自治の流れが、長い目で必ず人の元気につながっていくと信じているのだが、現状はまだまだカタチだけで魂が入ってないと感じる。

例えば地方自治体では、○○部長のポストに、「人事交流」として必ず国からの出向で中央官僚が座っている。私が市議会議員をしていた時には、市の財政部長の席に総務省から来た三〇歳ぐらいの若い官僚が座っていた。彼が市長の政策の下書きをしているのである。国から降りてくる予算を、市の政策として適当に割り振る仕事だ。生え抜きの職員たちは、いきなり自分たちで政策を作れと言われても、スキルも勇気もないので、結局は出向官僚さんに頼ってしまっているのが、今の地方自治の現場なのである。

沖縄でも、いくら基地移設反対の知事や市長を出して民意を明らかに示しても、国は意に介さない。移設容認派が通った時だけそれを民意だという。ドラえもんに出てくるジャイアンみたいなものだ。自分に都合の良いことだけ押し通そうとする。まだまだこんな具合で、本当の地方自治の確立には程遠いのだが、そこは長い目で見て行きたいと思う。

「依存先を一本にしておくとやられてしまう危険性」は家庭の中でも同じだ。DVやモラルハラスメントなどは、肉体的危害もさることながら、精神的にも殺されるという犯罪的行為である。だけど結婚という枠組みからの脱出は、当人にとっては本当に大変なことだ。個人的条件だけでなく、世間の目というプレッシャーも突破しなければならない。たった一人の戦いであることも多いだろう。しかしDVやモラルハラスメントは、そこからの脱出以外に有効な手立てがないと言われるから命がけである。

ここでの困難さの原因は、依存の一極集中にある。夫の給料で生きている、国や行政の補助金で事業を継続している、米軍基地ありきの経済にどっぷりと浸かっている、など。どれをとってもそこからの脱却はとても難しい。が、そこに問題がある以上、どうにかして依存のリスクを分散しなければならない。

買い物難民は資本主義の象徴的な問題だ。より大きな資本へと合理化が進んだ結果、ご近所のスーパーや食料品店がなくなり、車を運転しない主に高齢者に買い物の手段がなくなってしまったのである。

このような現状に対し、自治の精神で乗り切っている事例がある。沖縄の共同売店と呼ばれる店舗運営だ。以前に私は、沖縄国際大学で共同売店の研究をしておられる村上了太先生とともに、沖縄本島はヤンバルの北端に位置する「奥共同店」を訪ねたことがある。

奥集落は近年、国道五八号線が通るまでは、まさに陸の孤島で人口は二〇〇人弱。それまでは都市部である名護や那覇に行くのは舟しか手段がなかったという。集落の特産品としては「おくみどり」という日本茶がある。かつて奥集落は、その収穫物や材木を舟に積んで町まで売りに行き、帰りには生活用品などを買って帰るという、ささやかな経済を営んでいた。

そこに今も現存する奥共同店は、創業なんと明治三十九年（一九〇六年）、一〇〇年以上の歴史を持つ。共同売店というのは、村民同士の共同出資で運営するスーパーマーケットのようなもので、食料品から日用品まで生活に必要な一通りのものが揃う。店員さんは村民が受け持ちで担っていて、店で出た利益は村の行事に使われるという。

ここで目を疑ったのは、買い物に来た村人たちが、「ツケ」でものを買えるということだ。私も生まれた家は雑貨屋をしていたので、まだ小さい頃……四〇年ほど前には、ツケでものを買う人がいたのを記憶している。普段の買い物ではお金を払わず、給料日になったらまとめてお金を払いにくるのである。そのツケ制度（？）が今でも生きているのだ。さらにはなんと、ツケどころかお金も貸してくれるというのだから驚きである。

例えば年金支給日までに生活費が足りなくなったおばあさんが、五〇〇〇円とか一万円といった少額の現金を店で借りていくというのである。下世話な質問で、「焦げ付きはないか」と聞いてみたら「全くない」という。隣近所の共同責任的な仕組みがあるので心配はないそうだ。

これは言うなれば、資本主義の原理からはみ出た店である。誰かの儲けのためじゃなく、みんながみんなのためにみんなで維持している。これが一〇〇年以上も続いていると言うのだから、まさにコミュニティビジネスの元祖だと言えるのではないだろうか。

今や東京などの都会でも、郊外型の巨大スーパーやショッピングモールの影響で近所の店が消滅し、買い物難民化しているというのに、この村は、この共同売店のおかげで買い物が賄えているのだ。なにせ二〇〇人ほどの集落なので、コンビニの出店などは全く考えられない。巨大資本に一極集中して依存すれば、その胸三寸に振り回されることになるが、こうして横つながりでお互いに依存しあうことによって、買い物難民化を逃れているのである。

さらにこのネットワーク型の依存には副産物があって、それは「楽しい」ということである。この原始的とも言える共同売店には、高度にシステム化、合理化されたフランチャイズのコンビニや、ＩＴを利用した物流ではほとんど期待できない人と人の生のふれあいがある。思いやりのキャッチボールがあるのだ。コミュニティ……という今風の言葉が浮いてしまうぐらい、地域のつながりが感じられる手作りの居場所でもある。小さな依存の仕合いというのは、人と人との心のつながりであり、それはそのまんま元気の源なのだとあらためて感じさせられた。

人を助けることで自分も助けられる

話は変わるが、私の大学の後輩の福島賢太郎さんは、大手機器メーカーの社員をしながら、長年、視覚障害者の伴走ランナーをしている。目が不自由だけれどもランニングをしたい方に対して、お互いをロープで繋ぎ、路面とか行く手の情報を口で誘導しながら伴走するＮＰＯ活動である。

その彼に「仕事だけでもキツいのにボランティアは偉いね」というと、これはボランティアじゃないという。ボランティアというのは、何かをしてあげるという立場だけど、逆に「もらうもの」がいっぱいで、とてもそういう気分ではないらしい。

一方的に何かをしてあげるのではなくて、一緒に感動を作っていくのだから、ボランティアではなく「仲間」だと言うのである。いわく「完走した時の感動が、一人の時より何倍も大きい」とのこと。そしてたくさんの「気づき」をもらえるという。

初めて参加したブラインドランナー（視覚障害者）の方が、福島さんとともにグランドを走り始めると、「風が気持ちいいね」「芝生が柔らかいね」と、我々がもう当たり前で忘れてしまっていたこの世界の素晴らしさを、次々と教えてくれるという。

現代社会にどっぷりと浸りきった我々は、いつかたどり着きたいと、幸せを探してもがき苦しんでいるのだが、顔に当たる風が気持ちよいだけで、本当はとても幸せな気持ちになれるのだ。

普段の練習は徳島城の城跡公園。この公園は春になれば桜でいっぱいになる。ある時、福島さんとともに走っていたブラインドランナーさんが、ふと立ち止まった。桜の花びらを触らせてほしいという。そこで一枚の花びらを拾いあげて渡すと、指先で確かめるように撫でた後、福島さんに渡し、「桜の花、目つむって触ってみ。どう、愛おしいやろ」と一言。そこで福島さんは生まれて初めて、春の訪れの喜びを指先から感じ取った。そして本当に、この世界を愛おしく思ったというのだ。

ブラインドランナーのほとんどは、初めて走る人で、高齢の方も多いという。現在七八歳の男性のランナーさんは、歩きから初めて、二キロ、三キロ、四キロと、どんどん距離を伸ばしているらしい。そしてお互いに、誰それが何キロ走ったという話を聞くと、自分もできると燃えてくる。生きがいを見出して、元気がモリモリと湧いてくるのだろう。

同じく歩きから始めた六四歳の女性と、京都の八幡マラソンの一〇キロコースを完走した時には、彼女も心の底から喜んだが、福島さん自身も、それまでの人生で味わったことのない大きな感動をもらえたという。一人だったら、辛かったらやめればいい。二人だからやめられない。頑張るしかない。だけどもらえる感動は二人分以上なのである。

人を助けることで、自分も助けられる。一緒に走るだけで、世界の美しさを教えてくれたりする。

私は自分の経験から「ウツ」というのは、この世界が全て色あせて悲しげに見えてしまう状態だと思っているのだが、その正反対。世界は美しいと思える時、幸せはある。依存しあい、自分の世界を拡大していくことで初めて見えてくる世界の美しさがあるのである。

インセンティブじゃないやりがい

我々の移動スーパーには二大ミッションがあって、一つは買い物難民と言われる皆さんのお買い物サポート、もう一つが「見守り」である。

お客さんはほとんどが七五歳以上の高齢者が多いので、元気な方でも定期的な見守りの目線があると心強い。そこで我々のチームでは、常日頃から見守りのスキルを高め、少しでも安心してもらおうと努めているのである。この社会的使命が行政からも頼りにされ、メディアなどで褒められることも多い。いずれも「素晴らしい、偉い、なかなかできることではない」というトーンだ。まあこれは宣伝になるので良いのだが、一つ白状しておくと、我々にとって「見守り」は、実はお金儲け以上に「楽しい」のである。

もちろん現場では、救急車を呼んだり、時には亡くなっている人を発見したりと、楽しいどころか、悲しい、苦しい事例の方が多い。しかし基本的に、無償で誰かのために働くというのは、そこはかとなく楽しいものなのである。同じ公共的な営みでも、町内会の溝掃除の義務などはあまり楽しくないが、手作りで自発的にやることは楽しいのだ。

先日も一人の販売パートナーから電話がかかってきた。聞くと、目の不自由なお客さんで、家の門扉の調子が悪いので直したいが、業者を知らないので紹介してもらえないかとのこと。我々は常々から、解決できる案件かどうかはともかく、何でも相談してほしいと言ってあるので、こんな話が時々入ってくるのだ。

さて、紹介するにしても、どこをどうしたいかぐらいは説明できなければならない。が、電話ではどうなっているかよく分からなかったので、さっそく現場を見に行くことにした。

お客さんの家に着いて、お声をかけてから現場を見ると、古い鉄の門扉の左右の高さがズレてしまっているのでうまく閉まらず、カンヌキが差し込めない状態になっている。一見して、これは業者に頼むとすれば、門扉ごと新しくするような費用のかかる話になるだろうと思った。が、お客さんのニーズは、大げさな工事ではなく、少しスムーズに動くようにして欲しいというだけなのだ。

とは言え素人の私には、にわかにはどうして良いか分からない。そこでスマホで写真を撮り、一旦事務所に帰ってきて友人の工務店に写メを送り、アドバイスを求めた。

そして私は友人の的確なアドバイスを頼りに、工具箱を車に積み、再び現場に向かった。工事時間は三〇分ほど。我ながら見事に門扉はスムーズに動き、お客さんの手をとって触らせてあげると、大いに喜んでくれた。よほどうれしかったのだろうか、その二日後にも電話をくれて、身にあまる感謝の言葉をいただいた。この様子をフェイスブックにあげると、いつもの倍以上の「いいね」が倍以上のスピードで集まった。みんな「偉い偉い」と褒めてくれている。

しかし、私にとってこの一連のボランティアは、実はとても楽しかったというのが正直なところだ。振り返って分析してみると、販売パートナーさんがお客さんから依存された案件を自分に依存され、自分に足りない部分のスキルを友人に依存し、それを最初のお客さんにフィードバックするという、小さな依存をしあう共同作業だったということだろう。

お客さんはもちろん喜んでくれた。販売パートナーさんもお客さんの要望に答えられたので喜んでくれたし、件の友人も、後からわざわざ電話をくれて、うまくいったことを告げると喜んでくれた。そして私は、困った人を助けることができたという喜び、良い友人を持ったという喜びを噛み締めているのである。さらにみんなが褒めてくれるというのだから、こんなに楽しいことはない。

ここでの一つのポイントは、お金が絡んでないという点である。何度も確かめておくが、お金儲けは楽しい。それは間違いない。しかしお金が絡んでない方が楽しいということが多々あるのである。現代社会では、生産性向上や合理化が神のごとく崇められるが、「労働は全てお金に変えるもの」という習慣が、本来備わっている人間らしい喜びを隠してしまっているのではないかと思う。

実は私はこの見守りを、スマホのアプリを使ってすることができないかと考え、昨年は県が主催する地域創生のコンペにアイデアを出して準グランプリまでいただいた。アプリのコンテンツを簡単に説明すると、我々の販売パートナーや介護ヘルパーなどが高齢者さんのところを訪問した際、その様子をスマホで写真に撮って、離れて暮らす子どもや孫に送ってあげる、というサービスだ。このサービス一回につき、見守り担当者には百円のインセンティブが入るという仕掛けである。

そこで、ネーミングに商標登録をしていざ開発というところまできたのだが、さて、そのための事前のマーケティング調査でつまづいた。

見守りという社会貢献に、おこづかいまで付くというのだから、こんな楽しいことはないだろうと思ったのだが、アプリユーザー対象者にニーズ調査を始めたところ、どうも皆さんの触手が動かない。そこで時間をかけてヒアリングをしてみると、意外な事実が浮かび上がってきた。何かと言うと、見守りでインセンティブなど欲しくないというのである。

介護関係者のモチベーションは、利用者の方に喜ばれることだ。そのために厳しい労働条件にも耐えてがんばっている。そこでの見守りは、何も私に教えてもらわなくても、彼らのやりがいそのものになっているのである。そのやりがいを、たった一〇〇円のインセンティブで「単なる儲け」にしてしまうわけにはいかないということなのだ。

給料は生活のために必要だが、ほんとうは報酬外の思いやりにこそ、感謝という愛の泉が湧くのだろう。私の考えたアプリの基本思想が間違っていた、というか、やはり皆さんの気持ちの現場が分かってなかったのである。インセンティブとは無縁のやりがいというものがあるのだ。

エピローグ

ここまで私の経験をご紹介しつつ、歩きの中から醸成されてきた思いを語ってきたが、そろそろ論を結んでいきたいと思う。

国家から家庭の中に至るまで、あらゆる場所にはびこるハラスメントや支配に抵抗する手段として私は、「歩く民主主義」をひねり出した。

私の民主主義体験の出発点は、自分自身の選挙から始まったのだが、この歩く民主主義、為せば成る民主主義は、投票や議席などは関係ない。

一人一人の意志から始まり、始まったその日から一日一日が、為せば成るを原理とした民主主義の実践なのである。

民主主義は衆愚政治に陥りやすいという批判がある。私はこの批判に反論はない。民衆は時の空気に流されやすく、結果的に愚かな選択をすることがある。地方政治にどっぷりとハマった季節が長かった私に言わせると、民衆は滅多に賢い知恵のある選択をしない、とさえ言い切りたいぐらいだ。ただ民衆が愚かな選択をするのはメディアなどの環境と偏った情報のせいで、本当に客観的で深い情報を知った上でなら、きちんと賢い知恵のある選択をするものだと私は信じている。それは過去に関わった住民投票で実感したことだ。

やはりとりあえずは「では民主主義に変わるどんな麗しい政治制度があるのだ。民主主義が一番マシな政治制度である」ということに尽きるのだろう。

ただよく考えてみると、そういう文脈で語られる民主主義は、言うなれば「選挙民主主義」あるいは「多数決民主主義」に過ぎない。民主主義イコール多数決の投票、では元気が出ない。それは矮小化された民主主義だ。

「歩く民主主義」は、そこを突破して元気を作る。与えられたものじゃなくＤＩＹだ。開拓者精神こそが人間を生かしていく。

アナログに、アナログに考えること。動くこと。理論や知識だけの頭でっかちでは、確かな現物を顕現させることはできない。ひたすら歩くこと。その経験からにじみ出てきた実感を、初めて理論や知識に照らし合わせてパワーアップしていく。そういう地に足のついた実践こそが希望を作り、元気を作っていく。

よく大人たちが「今の若者はおとなしい」と言う。その言葉には、ダメ出しのニュアンスが含まれている。しかし私はこれを単に物質的欲望が薄いからだと見ている。要するにギラギラしていないのだ。これは先にも書いたが、世の中に十分にモノが溢れているのだから当たり前ではないか。

若者だけではない。私自身もそうだ。若い頃には外車に憧れてジャガーやボルボの中古車に乗って喜んでいたが、今では新型の外車が走っていても魅力的なCMを見ても何も感じない（年齢のせいかもしれないが）。今乗っている三九万円で買った中古の軽ワゴン車で大満足している。考えて見たら当たり前のことだと思う。だって今の軽自動車の乗り心地は、昔の王様の馬車よりたぶん一〇〇倍も上なのだ。

資本主義がいくら必死になって消費欲を煽ってきても、オヤジたちが「おとなしすぎてけしからん」となじってきても、要らないものは要らないのだ。

彼らとは正反対で、私は今の若者に希望を持っている。

まず、彼らは我々の若い時よりも断然クリエイティブだ。先日、京都に行って観たかった美術展をハシゴしてきたのだが、久しぶりに三条通りやその辺りの裏通りをブラブラと歩いてみた。そこで目に入ったのは、いかにもＤＩＹを感じさせる店やスペースの数々である。私の学生時代とはまるで様子が変わっている。

センスがあって、それぞれに規格品じゃないオリジナルを競っている。「いかに資本をかけないか」がオシャレ度の要点になっているようにも見受けられた。今風にリノベーションと言うのだろうか。間口の狭い古い町家を上手に手作りで改装して魅力的な店にしている。そこにはあまりギラギラしたものが感じられない。自分たちにとって居心地の良い空間を作りたいのだろう。まずは共感する仲間が集まればいいのである。商売はそのための綿菓子の芯棒のようなものなのか。有名ブランドの店もちらほらと潜り込んでいるのだが、彼らもトーンを合わせてアクセントになってくれている。とにかく歩いて楽しいマチになっているのだ。

今やどこの地方に行っても、全国資本の商売が、全く同じ看板と郊外型の店舗を展開していて、せっかくの旅行気分を奪われてしまうのだが、それと対照的である。

私がさわやかな印象を持ったのは、多分そこでの主役が違うからだろう。画一郊外型商売の主役は、資本主義株主オヤジだ。株主オヤジたちは金融システムの中でいかに楽をして金を集めるかに知恵を絞る。必死になるから社員をコキ使ってブラックになる。看板や店にはそのギラギラオーラが漂っている。

一方の手作り商売の主役は若者たちだ。彼らはＤＩＹの開拓者だ。生きる意味が感じられる場を切り開くために知恵とスキルを高め、情熱を燃やしているのだから、そのカッコ良さの判定は歴然としている。

少し贔屓に過ぎたかもしれないが、要するに、これが成熟社会ということなのではないかとも思うのである。もう何でも資本主義にやられっぱなしでは面白くないことにみんな気付き始めている。吸われる一方でなく、もっと面白く元気に生きたいと思い始めているのだ。

美術展を見終わった後のランチを、これまたいかにも手作り屋台風のタイ料理の店で食べた。メニューを見ると、このレストランの収益でタイの山村に学校を作りたいのだという。第一号の校舎はすでに完成したとのこと。志が気持ち良い。応援したくなる。そして応援することによって逆にこちらが元気をもらえる。

こんな風に、手作り民主主義が若者たちの間からすでに始まっているのを肌で感じる。

ただ、一つだけ説教オヤジのようなことを言うと、雰囲気だけのうわついた「意識高い系」にはなって欲しくない。国も地方創生をうたっているので、あちらこちらに地域活性化や起業を応援する場ができている。私もそういう場によく出かけるのだが、厳しいことをいうと、そこでの半分はニセモノであると感じている。

なぜニセモノがはびこるかといえば、その場が国の補助金でできている場合が多いからだ。どんな政策であっても、公金がジャブジャブ出てくるとなれば、そこには便所蝿のようにタカリ屋が発生する。だから補助金のタカリ屋が半分は混ざり込んでいるのだ。

彼らは「良いことをしている」と思っているのだが、気をつけて欲しい。そこから得られるものは少ない。そういう場に行くなとは言わない。私も何かヒントがないかと思って出向いている。でも、基本はやはりアナログに考えること。歩いて現場を経験することだ。タダで誰かに何かをもらえると思ってはいけない。何かもらえたような気分になっても、その箱の中身は空っぽだったりする。

私たちが欲しいのはその場しのぎのカンフル剤じゃない。体の芯からの元気なのだ。そしてそれは、自分で歩いて探しに行くしかないのである。

最後に、私の一番嫌いな説教をしてしまった。これも一方的な価値観の押し付けじゃないのか。そうかもしれない。恥ずかしいが、やはり私は五〇代になってもずっと自問自答を繰り返している。やっぱりどこまで行っても転がり続ける人生なのだ。本のサブタイトルを「……分かった元気の作り方」と断言したが、とりあえず言いたいことを書き切った今、またモヤモヤと自問自答の雲が水平線に湧き上がってきた。そうだ、タイトルのおしりに「(笑)」をつけたらちょうど気持ちがおさまるかもしれない。「五万軒、歩いてわかった元気の作り方(笑)」。こんなところでどうだろうか。

第２部
対　談
これまでの日本、これからの希望と元気の作り方

村上稔×田中信一郎　対談

田中信一郎　プロフィール
一般社団法人地域政策デザインオフィス代表理事、千葉商科大学特別客員准教授、博士（政治学）。一九七三年生。明治大学大学院政治経済学研究科博士後期課程修了。中村敦夫参議院議員の政策担当秘書、明治大学政治経済学部専任助手、横浜市、内閣府、内閣官房、長野県、自然エネルギー財団等を経て、現在に至る。主な著書に『信州はエネルギーシフトする〜環境先進国・ドイツをめざす長野県』（築地書館）等がある。

人口減少時代の新しい民主主義

村上：田中さんとは二〇〇〇年の吉野川住民投票の時からの古い付き合いなのですが、あれ以降どのようなキャリアを積まれてきたのですか。

田中：二〇〇四年七月に中村敦夫参議院議員の任期満了とともに、政策担当秘書を辞めました。二〇〇五年四月に明治大学大学院政治経済学研究科博士後期課程に入学し、国会研究で論文を書いていました。また、明治大学危機管理研究センターで、自治体向けの防災政策の研究もしていました。そうしたところ、人づてに横浜市役所からお声がけいただき、環境モデル都市のプランニングを手伝うことになりました。国への提案書の作成から、認定後の具体的なアクションプランの策定、関係する条例の改正、環境モデル都市国際会議の開催まで、関係業務が一区切りするまで携わりました。国会議員秘書のときは、地域政策にほとんど関心を持っていませんでしたが、明治大学と横浜市での経験で、地域政策の大きな可能性を理解しました。

村上：中田宏市長の時？

田中：そうです。ただ、私の実務上はほとんど関係せず、担当の副市長が環境モデル都市に関する企画から実務まで主導しているように見えました。その副市長が、今の長野県知事の阿部守一さんです。

村上：そうだったんですね。

田中：阿部さんは、長野県で田中康夫知事の下で副知事をした後、総務省に戻って過疎対策室長などをしていました。それで横浜市から声がかかったとき、ふつうは総務省の籍を残したまま出向するのですが、阿部さんは総務省を退職して副市長になったんです。そのことを後で聞き、阿部さんの強い覚悟の表れと思いました。その後、阿部さんは民主党政権から声をかけられ、内閣府行政刷新会議事務局の次長になりました。私はそのとき、本格的に大学で働くつもりで横浜市を退職しようとしていましたが、阿部さんから刷新会議事務局をしばらく手伝って欲しいと依頼され、内閣府に入りました。それで、現場責任者の阿部さんを手伝い、主にトラブル対応をしていました。議員秘書の経験が活きましたね（笑）。

村上：蓮舫さんが有名になった事業仕分けの現場で格闘してたんですね。あの事業仕分けというのは見ていてすごく難しい仕事だったと思います。なぜなら、国の仕事にはたくさんの無駄があるし税金の使い道が間違っている仕事は膨大にある。だけどその無駄な仕事で長年、食べている人たちがたくさんいるんですね。そのしがらみを断つのは並大抵じゃない。国の将来や自然環境からしたら無駄で害のある仕事だけど、それを一生懸命やって家族を養っている人が大勢いる。問題の本質はそこにあるんだと思います。そこを変えていくには強い意志と並外れた人間力、硬直した事態をブレイクスルーする知恵がいりますね。

田中：二〇一〇年三月いっぱいで内閣府を退職し、その後は明治大学などいくつかの大学の非常勤講師や環境エネルギー政策研究所（飯田哲也所長）の客員研究員として、研究生活を送っていました。ところが、二〇一一年三月十一日に東日本大震災が起き、再び国で仕事をすることになりました。今度は、内閣官房国家戦略室です。もっぱらエネルギー政策を担当し、菅直人首相の依頼で調査をしたり、上司の阿久津幸彦政務官の指示で作業したり、首相ブレーンの参与を補佐したりしました。

村上：すごい現場を渡り歩いてきたんですね。

田中：あるとき、前年八月に長野県知事に就任していた阿部守一さんが、災害対応の要請で阿久津政務官を訪ねてきました。長野県栄村でも、東日本大震災の翌日に大きな地震が起きていたためです。要請を終えた後、二人の間で私のトレード話（笑）となり、菅政権終了後、今度は長野県でエネルギー政策を手伝うことになりました。それで、二〇一一年十月から長野県の特定任期付職員として働くことになりました。最初の二年半は、環境部温暖化対策課企画幹として、地球温暖化対策を含む地域エネルギー政策の抜本的な見直しと、新たな計画づくりや条例改正の作業に没頭しました。それで、阿部知事に依頼された任務が一区切りついたと報告したところ、次は人口減少対策を手伝って欲しいといわれ、企画振興部総合政策課企画幹を兼務することになりました。企画幹というのは、課長の代理や部長の補佐、特命事項の担当をする長野県独自の課長級ポストです。

村上：なんかグンと視野が拡がりそうですね。

田中：全庁の企画を束ねる課でしたので、拡がりました。そこで気づいたのは、総論としての人口減少は認識されているけれども、自らの地域が具体的にどれだけ減少するというのは、タブーになっていたことです。長野県に限らず、日本全体では人口減少だけども、自らの地域は横ばいと想定していたのです。ひどい自治体では、自分の地域だけ増えるとの前提を置いて、総合計画を立てているところもありました。

なぜタブーだったのかというと、人口減少を前提にした地域づくりを本格的に行うと、それまでのイケイケドンドンの開発路線を改めなければならなくなるからです。これは、さらなる公共事業に期待する議員や業界からすると、受け入れられない話です。

村上：インフラの質を改善するのはあり得ても「規模の拡大」は要らなくなりますよね。「より大きな○○に作り替える」とか、そこに大きな土木建築ニーズがあるんだけれど、社会的な合意は得られにくくなる。すでに計画されている多くの事業が、税金の無駄遣いになってしまいます。

田中：そうなんです。ところが、石破茂地方創生大臣が法律をつくり、データに基づく長期の人口推計とそれにもとづく戦略づくりを自治体に義務づけました。これで、勝負ありです。私は、この点に関して、石破さんを高く評価しています。全国の首長や議員たちから信頼されている石破さんだから、できたことだと思います。

村上：数年前に「消滅する自治体」とかいう論文が雑誌に載ったりして大きな話題になりましたね。私はてっきり、また総務省が新しい事業と予算を作るために、ことさら騒いでいるのかと思っていました。なるほど、そういう意味ではインパクトがあったんですね。

田中：自治体は国から、二〇六〇年までの人口推計をきっちり出せと求められました。ほとんどの全国の自治体職員は、誰も人口減少社会に必要な政策なんて、それまで真剣に考えていませんでした。せいぜい、官製の婚活パーティや結婚相談、出産奨励をし、V字回復を狙うというものでした。

村上：焼け石に水政策ですね。

田中：様々なデータを分析し、論理的に考えれば、焼け石に水どころか、完全に間違った政策といえます。私自身も、人口減少問題を通じて、様々なデータや行政計画、関係者の声に接することができたのは、大きな経験となりました。一方で、地域や自治体、公務員の潜在力への確信が、日に日に強まりました。やり方や考え方次第では、人口減少を前提にしても、地域をより良くすることは、まだまだ可能だと思いました。

村上：僕も議員時代からずっと思っていたことがあります。今、深刻な問題がいろいろとあるけれども、これを公務員のパワーと税金の有効な使い方次第で、いくらでも切り開けるヒントとか可能性はあるということです。まだまだ全然行き詰まってない。いくらでも可能性が考えられるんだけれども、つまらないしがらみでがんじがらめになって実現できないことがあまりにも多い。だから絶望しようと思ってもしきれない。いくらでもやり方はあるのにできてないだけ。まさに残念の一言なんですよね。

田中：そのとおりです。

村上：田中さんも僕ももともと政治を一生懸命やってて、選挙でもがんばって世の中を良くしてやろうって長く頑張ってきたんだけど、それが変化してきて田中さんは公務員のような仕事の中から行政の可能性を見出されている。お役所的仕事から脱皮して現実を変えていくという希望を見出している。僕は僕で県会議員の選挙で落選をして浪人をして、こんな買い物難民対策の移動スーパーをやり始めて、ビジネスの方から変えていく可能性を見つけ出した。お互いに立場は変わっても、世の中を良くしていきたいという意思は変わってないんですよね。議員になりたいとか公務員になりたいとかが目的ではなくて、どうやったら世の中を実際に変えていくことができるか、ということを見据えて自分の行く方向を決めている。

田中：自己満足じゃ面白くないですよね。

村上：僕は議員のときも買い物難民対策には関心を持ってたんです。議会の壇上に立って市長に、買い物難民対策はどうするんですか、とか言って追及するんですね。そしたら役人さんが手を上げて「こんなふうにＩＴを駆使してやっております」みたいなことで説明してくれるんですが、政策にほとんど実効性がない。問題の解決には程遠い。だけど議員の方も質問したら終わりなんですね。支持者に対して後援会ニュース作って、買い物難民対策を熱心に頑張っております、みたいなことでおしまい。成果は出ていない。

田中：議員さんは頑張っているつもりでも、現実は全然変わってないよ、みたいな。

村上：そう、議員さんの自己満足と公務員さんのその場しのぎで、現実は全く変わってないみたいなことがほとんど。だけど僕らの移動スーパーは始まって六年目ですけど、今、二七台で徳島県の人口九割のエリアをカバーしてしまった。あと一割くらいを何とかすれば徳島県の買い物難民問題はほぼ解消しちゃうんです。と言うとまあちょっと大げさかもしれませんが、それに近いくらいのことを民間のビジネスでわずか六年でやっちゃった。そういうのを体験すると、まあ政治も大切なんですけれども、ビジネスの現場から世の中を先にどんどん変えちゃう、政治のしがらみにとらわれずにどんどんスピード感をもって変えていけるみたいなのが面白いんですね。議会の中で一生懸命、行政に対策を迫るのも大事だけれども、ソーシャルビジネスは面倒くさい手続きなしに先に現場を作っちゃう。小さい積み重ねだけれども、それがやがて世の中のスタンダードになっていく。なんか選挙だけが民主主義の実践みたいになっちゃってますけれども、僕はこれもまた民主主義なんだと思うんですね。市民が自分で決めて自分で作っていく。それで元気がムクムクと湧いてくる。

変化に対応できない今の政治

田中：二〇〇〇年代半ばまでは、可動堰とかダムとか、大型公共事業は、政治の力がないとまだ止められなかったんですね。当時、政治の力は不可欠だったと思います。

それでは、新しい地域とか社会を創造していくとき、現在は政治がどのような役割を果たせるのか。例えば、再生可能エネルギーを見ると、固定価格買取制度ができたことは極めて重要で、それがなければ再生可能エネルギー事業は困難でした。そこまでこぎつけたのは、政治の力です。一方、今は引っ張るよりも、後押しすることが政治の役割になっています。公共事業に依存しない地域に転換していくために、再生可能エネルギーは大きな可能性を秘めていますが、政治よりも現場での実務が焦点になっています。政治の力だけで、社会を変えていくという局面ではないのです。

村上：政治で変えていくのは気の長い仕事ですからね。考えてみたら僕の取り組む買い物難民問題なんて過去の政治の責任なんですよね。高度経済成長期の都市計画や街づくりがモータリゼーションを前提にして、長く住むための生活文化のような視点が完全に抜けていた、というかそこは無視してきた。その結果、買い物難民のような構造的に難しい問題を生み出したんですね。時代の勢いでダーッと作るのはわりと簡単だけど、その後始末、負の遺産の処理はなかなか難しいし、華やかじゃないので政治家もやりたがらない、というかどうしていいかわからない。僕はほんとに平和主義で、その時代の政治家を責めようとは思わないですよ。だれもそんなに知恵のある人ばかりじゃなくて、それぞれに良いと思ってやってきたんだから。金儲けの欲望は僕もあるし誰でも持ってる。だけど勢いだけで押してきた結果、いろんな構造的な社会問題を残した。だから今、前を向いて時代の希望を作り出すには、どこに力点を置いてやればいいか。自分が議員に出ることとか、それも選択肢の一つだろうけれども、やはり民間の中からソーシャルビジネスというやり方が有効なのではないか、と思うわけです。

田中：現代の社会問題は、これまでと異なる前提から派生しています。異なる前提とは、経済の成熟化（低成長）と人口減少です。かつては、人々の消費の欲望（需要）が常に大きく、給料が入るとカラーテレビやクルマなどのモノに換えていました。ですから、市場の求める方向に合致さえしていれば、供給したモノは基本的に売れたわけです。一時的に、供給が需要を上回ることはあっても、恐慌や不況で供給力が縮小し、再び需要の方が大きい社会に戻ったのです。けれども、現在は恒常的に需要が小さく、供給力の方が大きい。だから、供給力のはけ口となる市場を求めて、グローバル化が進んでいるわけです。

村上：需要のフロンティアを求めて。

田中：そう。それで、供給が需要を常に上回るようになると、身の回りはモノであふれますから、人々の欲望はモノではなく、お金そのものに向かうんです。モノの価値よりも、お金の価値の方が高くなるんです。これは、まさしくデフレです。

そこに、人口減少が追い打ちをかけています。日本全体では、二〇〇八年から実質的に有史以来初の人口減少時代に突入しています。ただでさえモノがあふれて需要の減っているところに、モノを買う人そのものも減っていくわけです。ダブルパンチなんですね。

しかし、これまでの政治・行政は、常に供給力が足りなくて需要が大きいという、経済成長と人口増加が二大前提でした。これまでの大型公共事業は、まさにそのためのインフラを整備することだったのです。近い将来、経済が成熟化し、人口が減少することは分かっていたのです。それでも、一時的な経済低迷と信じて、膨大な借金をして、景気対策を打ち続けてきました。

村上：国も地方も莫大な借金を抱えてしまいました。

田中：その背景には、政治・行政の構造の問題もあります。今までの政治・行政は、中間団体と呼ばれる業界団体や労働組合、宗教団体などの存在が民意のベースになっています。人々は何らかの団体に属していて、そこを通じて政治行政に意見を伝え、それを利害調整するのが前提となっていました。ところが、有権者の半数以上が無党派になり、労働組合への所属率が三割もない現在になっても、老舗の政党は、中間団体の利害イコール国民の利害と思い込んでいます。公職選挙法も、組織選挙が前提の規定になっています。

村上：それは投票率の低さにも関係してますね。圧倒的なボリュームの団体に対して一個人の一票に無力感を感じますからね。

田中：そうですね。政治は社会の変化に対して社会システムを適用させていくための装置なのに、これが機能不全になっています。

さらに、先の二大前提が崩れていますので、社会の問題は拡大する一方ですし、新たに環境や資源という制約要件が生じています。かつては、資源やエネルギー、炭素など、いくら使っても放出しても自由でしたし、自由な経済活動のバックボーンになっていました。この制約も想定されていませんでした。

経済成長なき時代の政治家

村上：ちょっと整理しますね。政治行政が機能不全になっている、混沌としている原因の分析ですね。くだけて言うと今の日本がなぜヤバいのか。まず需要と供給の逆転という経済の成熟と人口減少。この現実を認めずに国策を決めてきたということですね。なぜなら、これらを前提にしたらいろんな新しい公共事業の必要性がなくなってしまって、それを推し進めてきた政治家や官僚たちには都合が悪いから。次に、一番民意をキャッチしなければならない選挙が、さして民意を反映していない中間団体を優先した、いびつな形になっているので、これが政治をミスリードしているということ。それから、これまで当たり前に自由に使っていたエネルギーや資源が、地球環境の持続可能性から国際的な制約がかかってきたということですね。

田中：そのとおりです。そうした諸課題に対応する政治・行政が求められています。ただ、それには特別なことが必要なわけではなく、やるべきことをちゃんとやることが必要だと思います。目の前の問題を多面的に認識し、それがどういう意味を持つのか、どういった背景で起きているのかをしっかりと考え原因を特定する。そして、優先的な課題かどうか見極めて、ステークホルダーで情報を共有し、一緒に解決していく。これに尽きると思うんです。

村上：例えば僕らが取り組んでいる買い物難民問題にしても、もともとは政治行政の責任ですよね。住民が高齢になった時のことを考えずに、目先のニーズだけで野放図に都市計画を進めてきた結果です。

田中：村上さんの取り組む移動スーパーは、民間からの解決策です。一方、行政には別の解決策があります。丁寧な都市計画に転換し、市街地の拡大を抑制し、スーパーやバス停、銀行などの中心部への居住を促進することが必要です。買い物難民は、クルマでしか移動できないまちづくりの結果なんですよね。

村上：人口増加が前提ですから郊外へ郊外へと町場を拡げてきました。だけど今更そこで住んでる人を動かせないですよね。

田中：しかし、ダムの予定地は、住民がいくら反対しても平気で移転させてますよ。

村上：そうか。

田中：もちろん、短期間で行うとダム問題と同じことになります。しかし、結婚や死亡などライフステージのタイミングを捉えて集住を誘導するのは、それほど難しくありません。丁寧な合意形成をして、二〇年三〇年と長い時間をかけて行えばいいのです。本来であれば、人口減少が避けられないと分かった時点から手を付けるべきでしたね。

村上：ちょっと行政をかばうと、三〇年前に高齢者の買い物対策をやりましょう、といったってたぶん誰も関心を持ってくれなかったでしょうね。そう考えると政治行政……とくに選挙を考えなくていい公務員は、本当はすごく深い洞察力と知恵、行動力、人を巻き込む人間力が求められますね。

田中：そう思います。とくし丸が必要な状況は、自然に生まれたのではなく、過去の政策の失敗によって生まれたのです。今は、とくし丸というソーシャルビジネスが解決していますが、行政は政策の失敗と認識しなければなりません。なぜそうなったのかと言えば、将来の課題への対処という、効果が高いけれども分かりにくい政策から、行政が逃げてきたからなんですね。

村上：気持ちはわかりますよ。三〇年前に市役所の中でいくら買い物難民対策を言っても、きっと変人扱いですよ。市民にも笑われてるかもしれない。

田中：もっともいいのは、効果が高く、わかりやすい政策です。無医村に診療所をつくるなどというのが、典型的です。ただ、こうした政策はあらかた実施済みです。そのため、政策の効果を追求すると、分かりにくくなってしまう面があります。社会も複雑化していますので。一方、分かりやすいけれども、効果の低い政策もあります。買物に困る高齢者にタブレットを配り、注文を宅配するというような。そういう人は、既存の宅配サービスを使っているでしょうから、効果は低いわけです。でも、分かりやすいですよね。

村上：IT系の政策は、古い議員さんとかも突っ込みができないし、市長も「やってる感」が出るから歓迎されるんですよね。そういう政策を作れる職員は重宝される。

田中：もちろん、最悪は、分かりにくくて、効果も薄い政策です。吉野川可動堰建設計画のような。

村上：環境とか財政とかを破壊する公共事業ですね。

田中：ただ、国も自治体も財政が苦しくなって、分かりにくく効果の薄い政策は、だいぶ減りました。その分、分かりやすいけれども、効果の薄い政策が横行しています。大都市のスマートなコンサルタントの口車に乗せられたりしてですね。

こうした政策を止めるには、公務員の力が必要です。政治家は、どうしても分かりやすさや派手さを優先する面があります。公共政策の専門家たる公務員が、政策の効果にこだわらなければなりません。それを可能とするために、公務員は身分保障されているわけです。だいたい、税金を使う以上、どれだけ分かりやすくても、効果がなければ税金のムダなんです。

村上：昔、可動堰の問題に取り組んでいた時に、これは専門的な問題なんだから素人の市民は黙っとれ、みたいな言われ方をしましたが、それはブラックな専門性の使い方で、ホワイトな専門性というのがあるんでしょうね。社会が複雑になっているから、それに対応する税金の使い道をチェックするために市民も政治家も勉強していかないといけません。

明らかに政治家に求められる資質が変わってきました。昔のどんどん人口が増えて経済成長もしてという時代には、田中角栄じゃないけれども、政治というのは、何を作ろうとか、どう分配しようとか、楽しいことばかり考えてたんですね。

田中：成長の舵を取るとか。

村上：そうそう。基本的に政治で権力を取るのは楽しいことだった。何かを作るのを決める権限があるという文字通りの権力ですから。難しい計画を作るのは官僚。政治家はそれを承認するという権力。そこには巨大な利権があるから料亭なんかで接待があって裏の力学が動く。政治家は選挙の時だけがんばったら、あとは口先三寸だけの仕事だから努力は要らないけど、みんなが先生、先生と言って頭を下げてくるからバカになっていく。

国会だけでなく地方議会でも一緒ですよ。市の職員も市民も先生、先生といって議員を立てるもんだから、みんな議員になったとたんにバカになっていくんです。僕も一二年間、議会棟の住人でしたが、志のありそうな若い新人議員が一瞬でバカになっていく様子を何度も見てきました。まあ自分はどうなんだと言われたらそこは棚に上げて（笑）。

田中：当選したら変わると、しばしば言われますね。

村上：もちろん真面目な政治家もたくさんいたけれども、基本的には土木建設の方向にやりがいを感じていたと思うんですね。まあ確かに経済成長が人を元気にさせるって部分はある。そこを否定してはダメで、もう経済成長しなくていいやって言い出したら元気がなくなってしまいます。個人的な経済成長というのは給料が増えること。僕らも給料が増えたら元気が出ます。それは人間の心に本質的にあるものです。ところが時代が変わって、もうそんな能天気な時代じゃない。昔のような経済成長は無い中で元気を出さなきゃいけない。シンプルに金だけを追い求める時代は終わったんですね。今まで人類が経験したことのないような事態に直面している。縮小していく需要とか人口減少の中で、どっちを向いて旗を振って、みんなを導いたり引っ張っていけばいいのか混迷しています。

田中：政治家に求められることが変わってきました。

村上：時代の移り変わりですよね。今は、どこに痛みを担ってもらえるか、みたいなのを決めるのが政治家の仕事になってる。これははっきり言ってあんまりおもしろくなさそうだ。モチをバラまくのは面白いけど、庶民からモチを取り上げるのは気の進む仕事じゃないですよね。なので政治家の仕事に魅力がない。だから若者が政治に関心を持たない、選挙に行かないっていうのは、ちょっと仕方がないところがあって、関心を持てっていう方が難しいんですよね。ここに学校を作ります、病院を作ります、道路を作りますなんていうのは分かりやすいけど、制度をどうこうするってのは一段難しくて関心を持ちにくい。まして憲法問題なんて深い哲学の問題ですからね。九条なんて考えだすと、自分の生き方の姿勢や国家と自分との関係などに行き着かざるを得ない難しい問題です。

それと日々の仕事が忙しすぎて政治にまで関心が持てない。電車の中でも時間が惜しくてパソコンやスマホで仕事してる人に改札で政治のビラを配ったたって読まないですよ。一八歳以上に選挙権ってことになりましたけれども、なかなか若い人に政治に関心を持たせるのは難しい時代だと思います。

まあそんな状況ですが、愚痴を言ってても何も変わりません。目の前の急激な変化に対応する社会をどうにか作っていかなくちゃいけない。効果のあるアクションを急がなければいけない。そこで例えば僕らのような民間のソーシャルビジネスであるとか、田中さんのような政策提言の立場から、効果がある実のある実質的なことをやっていかなければならないんですよね。政治とは違う角度からやれることがいっぱいある。経済成長一辺倒じゃなくて、じゃあどっち向いて元気出すんだということです。

環境問題の専門家として政策を考えてこられた田中さんとしてはどうなんですか、我々はどっちを向いて行けばいいんですか。

ライフスタイルを変えるという経済力

田中：市民、企業、行政、政治のみんなで最優先で取り組むべきことの一つは、住宅です。冬は少しだけの暖房で家全体が暖かく、夏もわずかな冷房で家全体が涼しい。そうした光熱費が安く、快適な住宅は、まだほとんど普及していません。しかし、ドイツなどでは、それが住宅の条件になっています。そうした住宅は、光熱費が安くなるだけでなく、ヒートショックのリスクが低く、結露やカビの発生を防ぎ、それらによるアレルゲンの増殖や住宅の老朽化を抑えます。何より、ストレスなく快適に過ごせるので、精神衛生的にもいいですよね。光熱費の減少だって、暮らす住人の実質的な所得が高まることに加え、そのままならば海外に化石燃料代として支払っていたはずのお金を工務店に支払ったことと同じですから、日本経済の成長にもつながります。

村上：なるほど。そうか、そもそも経済の成長というのは何かって言ったら売上げから経費を差し引いた利益が大きくなるということだけれども、住居であれば例えば光熱費のコストが低くなれば、それは収入が伸びたのと同じことですよね。光熱費が二万円安くなれば、二万円給料が増えたのと同じだ。しかも毎日快適だったらもっとうれしい。これは元気にもつながっていく。ＧＤＰの数字だけが経済成長じゃないんですね。我々は長年、消費力イコール経済力みたいに考えてきましたけど、ライフスタイルの改善が経済力になるんですね。

田中：今までの産業や経営は、とにかく安いものを大量にお客さんに提供し、薄利多売で儲ける発想でした。そうでなく、これからは付加価値にこだわるべきなのです。付加価値といっても、ブランドということでなく、断熱による快適性や木製サッシの美しさなど、実のある付加価値をいかに提供できるかなのです。いかにローコストであっても、夏暑く冬寒い住宅ならば、欠陥住宅だから付加価値は低いと考えるべきなのです。

村上：ファストファッションならぬファストハウスですね。ファストファッションのお店って、きれいに並んでて手軽に買えるんでどんどん買っちゃうんですけど、すぐに飽きて一年で買い替えてしまう。けど高くてもがんばって良い服を買ったら長く着られる。

値段は三倍するかもしれないけど一〇年着るかもしれないですよね。それに毎回気に入った服を着ておしゃれな気持ちにもなれる。そう考えると絶対がんばって良いものを買ったほうが得ですよね。単にコスパが良いだけじゃなくて精神的満足が大きい。誇りをもてる。どうしても安いものに魅かれちゃうけど、生涯通してのコストとかも長い目で見ていく必要があるし、日々の気持ちの豊かさも考えたいですね。これ、国や自治体の政策に落とし込むと、どういうことになるんですか。

田中：そうした付加価値を重視する社会に転換するには、社会のルールが重要になります。住宅では、二つあります。第一は、一定の断熱性能がない場合、欠陥住宅と見なす最低基準です。ただ、これだけだと最低性能のものばかりになります。そこで第二に、光熱費のように性能を客観的に評価する基準が必要です。EU（欧州連合）は、この二つを新築建物に義務づけています。日本では、一七年四月から、二〇〇〇平方メートル以上の住宅でない新築建物だけに最低基準の断熱規制が入りました。

村上：パソコン機器なんかだと、メモリの容量や処理能力によってずいぶん値段が違いますが、住宅にもそういうスペックを明記するって感じですね。

田中：そうです。それは、建物の資産価値にも反映されます。国交省の資料に、住宅に投資された累計額とその資産価値というデータがあります。それを見ると、アメリカは、住宅投資の総額を少し上回る資産価値が評価されています。それに対して日本は、住宅投資が累計で八六二兆円に達するのに、資産価値は三四三兆円しかないんです。半分ですよ。

村上：ジャンクばっかり作ってるということですか。みんな人生を住宅ローンに捧げているというのに。

田中：そうなんです。世界の基本はアメリカ型です。投資なので買った時より高く売ることが基本なのです。それが半分になったら、投資にならないですよね。でも、日本は住んだ瞬間から中古になり、評価額がどんどん値下がりし、二〇年後には、建物の状態と関係なく、資産価値がゼロになります。

村上：食べ物みたいに消費して終わりか。

田中：そう、消費なんです。本来、建物は個人資産であると同時に、社会的な資産なので、建物の資産価値が高くなることは、社会全体が保有する資産価値も高くなることを意味します。そして、建てた人が使わなくなった後も、他の人に貸したり売ったりして資産として継続するのです。

村上：建てるときは少々支払いが多いけど、資産としての価値が減らないんですか。絶対そっちのほうが良いですね。

話は違いますけど、僕らは何年も移動スーパーで買い物難民さんを探して歩いてるんですけど、空き家がめちゃくちゃ多いんですよね。町中も田舎も同じです。すごい数の空き家が捨てられて廃屋になって崩れてきている。これ、片付けるのもすごいコストですからね。更地にするには軽く一〇〇万円以上かかるから、そのままにしてる家が多い。山間の村ではこれがいかにも物悲しい風景を作ってるんですね。廃村への道程をイメージさせる。町中の廃墟も犯罪の温床的な雰囲気を醸して町全体の感じを悪くしてます。立派な古民家をリノベーションするのも流行ってますけど、ほとんどの空き家は放置されて崩れていくしかないのが現実です。

田中：先進国では、住宅総量を計画的にコントロールしていますが、日本は新築住宅の着工数を経済指標にしていますので、新築を抑制して、空き家の発生を増やすことを経済へのマイナスと捉えるのです。

村上：古い家のリノベーションを推進したり、とかにならないんですね。

田中：国は、とにかく新築を増やしたいんです。景気のバロメーターと見ていますので。けれども、人口が減るのに新築を増やせば、その分が空き家になるのは当たり前です。

村上：野放図に市域を拡大しないというのは、町全体で言ったら新築の抑制になりますね。

田中：同じですね。それから、欧州ではそもそも戸建住宅をそれほど増やしていません。

なぜならば、集合住宅に価値を認める人が多いからです。実際、ライフステージによって、住宅に求めることが変わるのは、自然ですよね。子どもが何人かいる若夫婦ならば戸建住宅がよくても、高齢になって一人、二人で大きな戸建住宅を掃除したりするのは大変です。だいたい、掃除だって楽じゃありません。

村上：なんだか家が、自分の持ち物というより社会全体の持ち物で、それを効率よく回していくって感じですね。

田中：ところが、日本では、大きい住宅を建てることがステータスで、人生の目標になっています。それなのに、建てた後はメンテナンスもしないで、資産価値も下がるだけ。そして、最後は空き家になってしまいます。

村上：既存の指標だけで考えると経済成長には見えないんだけれども、人口減少時代の豊かさっていうのがある気がしますね。すでにあるものを有効利用したり効率性を高めていくことで生活コストがかからなくなれば、それは確実に豊かさと言えます。

田中：リノベーション工事も、きちんとＧＤＰにカウントされますよ。ただ、人口増加の時代と違う経済成長の仕方が求められるのです。薄利多売でなく、しっかりと付加価値をつけてふさわしい値段で売るやり方です。付加価値の見方を変えれば、それはナレッジ（知識）です。断熱や気密は、ローテクに見えますが、実は様々な知識が詰められた技術体系の上に成り立っています。我々が話しているこのオフィスは軽量鉄骨のプレハブですが、これはまったくの逆ですね。

村上：まあ家賃安いから助かってますけど、それは資産価値が低いっていうことですもんね。

田中：人口増加の時代は、とにかく早く安く造るのが最重要でした。ところが、人口減少の時代に同じやり方を続けても、儲けにならず、経済も成長しません。

とくし丸の成功も、実証例です。人口増加の時代は、大きな店を構え、宣伝して客を集める方法が効率的でした。とくし丸は、その逆です。一つ一つ集落を歩き、見込み客を見つけて、そこを回る。そして、一人一人のお客さんを大切にする。その背後には、一人一人のスタッフが開発し、日々磨いているナレッジが詰まっているわけです。

ローテクの基礎があってハイテクが活きる

村上：はじめてから六年間、毎日歩き続けて成長してきました。ローテクというかほとんど原始的とも言えるけれども、そこに知的付加価値、ナレッジが詰まってるんですね。

田中：そういう意味で、とくし丸は知識産業で、人口減少時代にマッチしているのです。

一方、イオンのような大手小売店は、人口増加期のやり方を相変わらず続けています。商圏を拡大して、ライバルと競争して勝つことで、生き残る戦略です。そこが違うんです。巨大なショッピングモールは、若い人、車に乗れる人だけが五〇キロ圏内ぐらいから来ればいい。だから、ますます高速道路が必要、道路整備が要るという話になっていきます。

村上：人口減少、需要縮小、財政危機という時代の流れに反していますね。昔、宇沢弘文先生の『自動車の社会的費用』という本がありましたが、まさに自動車の社会的コストは高いですよね。時代の大きな流れに逆行して税金を使っている場合じゃないですよ。

田中：企業はおいしいところだけ取るという論理です。それは、税金にただ乗りして儲けるビジネスモデルですから、規制しなければなりません。あるいは、特別の税金を徴収して、クルマに依存しないまちづくりの費用にするかです。

村上：住宅も低燃費住宅にして、町全体も低燃費都市にしてローコストで幸せな街づくりを狙っていくということですね。これからはIOT（モノとインターネットをつなぐ技術）とかのスマートなテクノロジーで、エネルギーが技術的に効率化できるようになってくるので、シェアリングとかそういう政策を考えなければいけないですよね。

田中：そうですね。まずは、過密でも過疎でもない適切な人口密度で集住化し、公共交通を機能させ、イレギュラーな移動にはカーシェアリングで対応するまちです。ところが、日本の大半の地方都市は、コンビニにタバコを買いに行くのも、会社や学校に行くのも、何をするのもクルマがなければ無理です。それでは、カーシェアリングなんて意味ありません。

村上：日本の地方は、ほぼその状態です。田舎へ行けば公共交通の便はどんどん減らされていますから車がなければ生きていけない。ぼくの仕事のお客さんは八〇歳超えてる高齢者が多いんですけど、田舎に住んでる人は免許証を返納してしまったら生きていけないんですね。食料の買い物に関しては我々の移動スーパーで間に合うけど、病院とかはタクシーじゃないと行けない。だって一日に一本か二本しかバスが通ってないのに無理ですよね。ところが今週聞いた話ですけど、そのタクシーすら数日前から予約して押さえておかないと、いつでもは来てくれないって言うんです。だからぼくもカーシェアリングって素晴らしい考え方だと思うんですけど、田舎ではまったくピンと来ないんですよね。車が一〇〇%の生活でカーシェアリングは無理ですからね。

田中：所有を前提にすると、自動運転の魅力も半減です。自動運転の魅力は、乗っているときに運転しなくていいことよりも、必要なときだけクルマを呼び寄せ、必要なくなったらクルマを元の場所に自動的に戻せることにあるのです。この魅力は、カーシェアリングでこそ大きく発揮されます。シェアだからこそ、自宅と遠く離れた場所でも、近くの自動運転車を自在に使えるのです。所有していたら、自宅のクルマを使わないともったいないですよね。でも、遠くから呼び寄せ、遠くに帰すとなれば、それだけ時間をロスします。自宅の近くであっても、高価な自動運転車を所有して独占利用するより、何人かでシェアした方が安上がりです。

だから、集住化と公共交通というローテクのまちづくりをすることが、自動運転というハイテクを使いこなす上で重要なのです。

村上：ローテクの基礎がしっかりしていて、はじめてハイテクが生きる。なんとなく我々がやってる移動スーパーに話が近づいてきた気がします。僕らは九五％ぐらいローテクであとの五％ぐらいハイテクです。毎日、買い物に困っているお客さんを探して一軒一軒戸別に訪ね歩いているんですけど、まあこれ以上のローテクは無いですよね。だけど現場のレジシステムはハンディで売り上げや商品データもちゃんと管理してますし、少しだけハイテクに頼ってます。

田中：なるほど、どうやってそこに行き着いたのですか。

村上：我々の移動スーパーができる前は、買い物難民対策としてバーンって拡がったのはネットスーパーだったんですよ。インターネットで注文して届けてもらうというシステムを多くのスーパーが導入し始めていました。お店にオペレーションセンターみたいなのを一〇〇〇万円ぐらい資本をかけて作ってやり始めたんです。けれども田舎で高齢者の方はほとんどインターネットなんか使えない。導入したところ軒並み赤字。ユーザビリティーを全然考えてなかったんですね。ネットスーパーで儲かってるところはどこにもない。だけどいったんやり始めたら簡単にはやめられない。そういうスーパーさんが、今までのネットスーパーから切り替えて我々の移動スーパーを導入してくれた。小売業界みんなで頭を突き合わせて買い物難民対策をどうするってことでやってたんですけれども、その答えっていうのが軽トラの移動スーパーを作ることだったんですね。じゃあ、どうやってお客さんを探すんだという事なんですけど、それは一軒ずつ歩いて困ってないか聞きに行ったらいいじゃないかと。めちゃくちゃ原始的なんですけれども、そこに答えがあったんですね。

田中：それは、このスマホとSNSの時代にめちゃくちゃローテクです。

村上：ひたすら歩く、という事ですからほとんど江戸時代と変わりませんよね（笑）。それと、僕らが移動スーパーをやり始める前に、いろんな人にアイデアを話したんですよ。そしたらたくさんの人が、それは自分も考えてたっていうんですね。そのアイデアはワシも考えてた、とかね。だけどみんな採算が取れないから儲からない、続けられないと言うんです。小売のプロの人ほどそう言うんですね。なぜそう考えるかと言うと、一番は売れ残りの問題です。毎日売れ残った魚や肉、お惣菜なんかを捨ててたら儲けにならないということなんですね。そこを僕らは、じゃあ自分たちで仕入れるんじゃなくてスーパーのものを販売委託で借りて売りに行ったら、売れ残りはお店で再販できるんじゃないかと考えた。それを何人ものスーパーの経営者に話を持っていったら彼らは、我々は薄利多売の商売だから販売の手数料を払えないと。ただでさえ粗利が二割ぐらいしか無いので、そこから販売の手数料なんて払えないんだというわけですね。

田中：それがプロの意見だったんですね。

村上：そうなんです。だけど実際に販売してみたら、ちゃんと手数料を払える粗利があったんです。なぜかというと僕らのお客さんは高齢者さんが多いから。高齢者さん、特に単身の方は作るのが面倒くさいので、お惣菜とかお寿司とか揚げ物とかそういうのを買っていただく割合が多い。そうするとお惣菜ってのは粗利が三、四割と高いので、販売員が手数料をもらっても成り立つという事がわかったんですね。これはやってみないと分からなかった。だからハイテクだけが知恵じゃない。普通に頭を絞ってアイデアを生み出したら答えが見つかることがある。今風に言うと、ソリューションここにありみたいな感じです。

田中：でもハイテクが不要ではないですよね。販売現場を実際に見ましたが、小さなハンディでバーコードを読み込むことで、スーパーや販売員さんの負担を軽減していますよね。ＩＴの使いどころがあって、そこにきちんと投資すべきと、改めて思いました。それを間違うとえらいことになる。

村上：こっちが主人公でなければいけない。ＩＴにはあくまでもサポートをさせる。ＩＴに動かされたらダメですね。それは楽しくない。

これからは「五方良し」の時代へ

田中：まちづくりにも通じることです。大事なことは、ローテクをおろそかにしないことです。ハイテクを強引に導入する必要はないのです。とくし丸の販売員さんをロボットにしてはいけないのです。しかし、「夢の新技術」は、そちらに行きがちなんですよね。

付加価値を高くするためには、安易に人件費を減らしたらダメなんです。むしろ、必要な人を適切な報酬で雇うことが大切です。これが生産性を高めるために必要なんですが、逆を求める経営者が多く、困ります。実際、日本はＯＥＣＤ諸国中で、生産性の低い国です。一五年のデータでは、労働生産性は二二位で、ギリシャの一つ下です。

村上：それは意外ですね。

田中：労働生産性とは、一人当たり稼ぐ力です。アメリカ、フランス、イタリア、ドイツ、カナダ、イギリスなどG7諸国は、上位です。それは、人に金を払わない企業が多いことを意味しています。それを「夢の新技術」神話が助長しています。

村上：さきほどのネットスーパーの話とかもそうですね。

田中：それは、労働者の能力が低いのでなく、経営者の能力が他国よりも低いことを意味しています。

村上：それはそういう客観的な数字を見ないとわかりませんよね。みんな馬車馬のように働いてると思うけど意外と生産性が低いんだ。

田中：なかには、政治の力への依存を深め、既得権を守ろうとする経営者たちもいます。経団連の経営者はその典型でしょう。しかし、経営者がやるべきことは、新たなマーケットを開拓し、そこに新たな製品やサービスを投入することです。

その新たなマーケットとして、本来は、ソーシャルビジネスに舵を切ることが求められます。なぜならば、日本中、あらゆる地域に様々な課題が転がっています。それをビジネスで解決できれば、大きなマーケットになるわけです。ソーシャルビジネスこそが、これからのビジネスの源泉なんです。

ただ、村上さんが指摘したように、ソーシャルビジネスで八割九割はカバーできても、一割二割はカバーできない部分があるのです。そここそが、行政の出番です。そうすることで、公務員も財政も真の課題に集中できるでしょう。

村上：ソーシャルビジネスというのは地域課題の中にマーケットがある。買い物難民問題というのもビジネスチャンスになりうるんですね。誰もやってなかったらブルーオーシャン（未開拓市場）。課題の中にビジネスの芽を見つけてそれがチャンスになっていく。そんな時代になってきてるんですね。一方、大企業は大企業病で苦しんでます。M＆Aとかで会社が商品みたいな扱いになって、資本を持ってる人たちの方ばかり向いた仕事になっていく。気が付いたら内向きの仕事ばかりしていて本来のお客さんの為ってことを忘れてしまい、知らないうちに弱体化してるってことに多分これからなってくると思います。

田中：出てきますね。

村上：今はそういう時代の転換期にあるんじゃないでしょうか。

田中：そう思います。とくし丸や低燃費住宅、自然エネルギー事業のように、ソーシャルビジネスに希望を感じます。だからこそ、行政もしっかりすべきときなんです。

村上：近江商人の三方よしっていう考え方があるじゃないですか。昔は全国各地、天秤棒を担いで行商で歩いて各地のニーズを聞き取ってきて、生産地から仕入れてニーズのある所に売りに行くと。そういう地域の需要と供給の差を利用して近江商人は今に残る大企業、伊藤忠とか高島屋とかに発展していったわけなんですけども、そこにあるのが三方よしっていう考え方なんですね。売り手良し、買い手良し、世間良し。彼らは自分たちだけが儲けるのではなしに、世間にも還元しなければいけないってことで、橋を作ったり学校を作ったりした。そういう健全な企業姿勢で、世界でもまれに見る一〇〇年企業みたいになっていったんですね。

僕はこの三方良しに、さらに二つ加えたいと思うんです。まずは未来良し。環境良しって言っていいかなと思うんですけど、例えば原子力発電所。電力会社が儲かって売り手良し、電力が供給されて買い手良し、世間も経済成長で良しと。だけど未来や環境のことを考えたら核廃棄物を残して無責任で犯罪的とも言える。未来良しとは言えないからバツ。

それからもう一つは心良し。人の心を壊してそれを踏み台にして成長していくようなブラック企業はバツですよね。

田中：社員良しですね。

村上：そうです。売り手良し、買い手良し、世間良し、未来良し、心良しの五方良し。ところが今のM&A時代をみていたら「株主良し。以上」みたいな感じでね。豊かさからは程遠く、どんどん格差社会が拡がってきている。そんな中で社員も殺伐として苦しんでる。

田中：行政も同じで、首長良し、上司良し、議会良し、自分良しみたいになってる（笑）。市民良しとか、未来良しというのが忘れられてます。

村上：僕も議会村に長くいましたが、実際にそんな感じです。

田中：政策が住民のためになっているか、課題を解決できているか、そこはあまり問われないんですよね。

自分で考え、決め、行動する喜び

村上：ところで人口減少のほうは政策的に何か有効な手立てはあるんですか。

田中：出生率の回復がカギです。まず、結婚して子どもを産みたい、育てたいと思う人々の希望が叶うよう、条件を整えることです。それで、ベストシナリオが八〇年後くらいの定常化です。V字回復はありえません。その条件がすべて整って、現在の出生率一・四三が一・八三に上昇します。その条件を整えるには、若者の雇用状況を改善するとともに、子育て費用の低減や育児休暇の促進などをする必要があります。それでも、人口減少は続きます。

二〇八〇年頃の定常化を目指すには、四〇年頃までに出生率を二・〇前後まで高める必要があります。イギリスやフランス、スウェーデンは、日本と同レベルまで出生率が低下した後、二・〇前後まで回復させています。それらの国々は、GDP比で日本の二倍から三倍の子育て・教育費用を公費で支出しています。これを日本でやろうとすれば、国と自治体を合わせた子育て・教育費用は約二〇兆円ですから、これを四〇兆円から六〇兆円くらいまで高めることを意味します。不可能ではありませんが、容易なことではありません。

村上：現在の政策決定者たち、すなわち政治や行政の中高年男性たちはどう考えてるんですか。

田中：官製婚活パーティや官営結婚相談所、妊娠促進教育という「産めよ殖やせよ政策」が人気ですね。

村上：動物園で同じ檻に入れてみるって感じですか。先日、女性の国会議員さんが四人以上産んでくれたらお金を払うのはどうだって発言してましたけど（笑）。

田中：出生率の回復を成功させた国々は、決して「産めよ殖やせよ政策」を採用したわけではないのです。雇用や子育てをめぐる課題を一つ一つ解決し、公的支出を大幅に増加させたのです。それなのに、効果の薄い「産めよ殖やせよ政策」が人気になるのは、分かりやすいからです。国のアンケートで「結婚しない理由」を独身男女に尋ねたものがありますが、それによると男女とも一位の回答は「適当な人に巡り合わないから」です。これだけ見ると「産めよ殖やせよ政策」を裏付けているように見えます。ところが、別の調査「交際異性の有無」を見ると、正規雇用と非正規雇用で男女とも差があり、正規雇用の人の方が交際異性のいる割合が多いのです。

村上：今はカッコよくても金がなければモテないんですね。

田中：それは、誤った読み取り方です。本来、結婚を前提にしない「交際異性」であれば、雇用形態や収入の額などでなく、カッコイイ、カワイイ、性格イイとかで左右されるはずです。そうでなく、雇用形態で左右されているということは、背後に「人間関係のタコツボ化」があると考えられるのです。

村上：人間関係のタコツボ化ってなんですか。

田中：非正規雇用であれば、収入を増やそうとして長時間労働になったり、正規雇用の人が働かない時間帯や日に働いたり、不安定な状況で将来も見えないなかで働いたりしがちなわけです。すると、遊びに行くお金が乏しかったり、友人たちと休みが合わなかったり、ギャンブルやゲーム、お酒で手っ取り早くストレス解消したり、疲労困憊して何もできなかったりします。それで、同性異性関係なく、友人関係を維持したり、広げたりする機会が乏しくなります。それが「人間関係のタコツボ化」です。

村上：タコツボの中だけの閉塞的な人間関係になっちゃうんですね。

田中：こうなると、ますますコミュニケーション力が弱くなってしまいます。こうした問題を官主導の婚活パーティや結婚相談で、根本的に解決できるわけがないのです。

村上：動物園で同じ檻に入れてみるという発想でなくて、環境自体の改善を考えないと元気は出てきませんよね。異性を求めるって、そもそも元気に直結してるから。根本の元気が出るような政策を考えないと二・〇まで戻らないですね。

田中：何よりも、雇用条件の改善が最低限です。その上で、同性異性、老若男女関係なく、様々な人々が地域で広く交流し、孤立化しにくい社会にしていくことが大切です。それなのに、国は「昔に比べてお見合いが少なくなった」というように捉え、官製婚活を優先政策にしてしまう。

村上：わかりやすいけど効果は薄い。

田中：残念な政策です。

村上：この話は簡単に理解できます。自分がブラックな環境にいるときには、絶対に余裕なんて生まれないですよ。外食や旅行や買い物もそうですけど、精神的にも本を読んだり、アートを見に行ったりする余裕も持てない。恋愛なんて程遠い。人前に出ていく気がしないし、部屋にこもって安いＤＶＤ借りてきてみるしかないみたいなね。人間は環境とか人間関係次第で、簡単にそうなっちゃいます。若者でなくて僕ら中年でも、ブラックな環境に置かれたらあっという間に元気無くなっちゃいますよ。

田中：それは、若者も高齢者も同じですよね。とくし丸の現場では、皆さんワイワイと楽しそうに買い物していました。

村上：移動スーパーが人気なのは、単に買い物が便利ということだけじゃなくて、販売員や近所の人とのコミュニケーションが楽しいということが大きいんですよ。

田中：そうなんですよね。だから、人口減少の問題は、ひとつは雇用条件や所得の問題などをしっかり解決しなければなりません。もうひとつは、人と会う機会、すなわちコミュニティを再生しなければなりません。完全個室のアパートの前に駐車場があり、どこへ行くのもクルマで、職場とイオンとパチンコ屋を行き来しているだけなら、友人も何もできません。犬も歩けば棒に当たるのに、何にも当たらない生活です。それは、棒にすら当たらない社会構造を作ったからなんです。

村上：単純なんですけど、僕はそれは元気っていうことに尽きると思うんですよ。元気の出る社会にしなきゃいけない。元気がないと結婚なんかできないですからね。元気がとことん無くなると鬱になっちゃう。元気になるためにはどうするかって考える時に、まず先に元気が無くなる理由を考えてみるんです。僕は単純に考えて、一番人から元気を奪うのはハラスメントだと思う。ハラスメントというのは一方的な価値観を押し付けて人を否定すること。否定されたら人は元気を無くします。

僕たちが昔、住民投票でストップさせた吉野川の可動堰建設計画も、東大を出た官僚の人たちが理屈を考えて可動堰を作りますよと。それに反対するあなたたちは理解の足りないダメな人たちです、ということで計画を押し付けてくるわけですよ。地元の住民の経験や知恵や意見を無視して、国の考えが正しいと一方的に押し付けてくるわけです。僕はこういうのを国によるハラスメントだと考えるんですね。沖縄の問題も同じです。沖縄県民の根の深い感情を無視して、正しい国策はこうですと一方的に押し付ける構造。反対する人たちは理解力の無い困ったダメな人たちという決めつけですよね。あなたはダメな人間ですって否定されることによって、人は悲しくなって元気がなくなるんですよ。

田中：吉野川の住民投票の時は、みんな元気いっぱいでしたよね。

村上：なぜ住民投票が元気が出たかというと、一方的に計画を押しつけてくる国に対して、自分たちの声を上げられるという喜びです。住民投票の当日はすごかったです。徳島市内が一日中お祭りみたいに民主主義のうねりで湧き上がっていた。道を歩いていても蕎麦屋に入っても、どこに行っても住民投票の話題で持ち切り。みんな自分が主人公になって目をキラキラさせて大きな声で住民投票のことを話していた。町中が元気いっぱいで興奮状態でした。

田中：全国に生中継され、日本中が興奮していました。

村上：自分で考え、決め、行動できるっていうことが一番元気のもとなんですよ。

我々の移動スーパーをやってくれている販売パートナーさんも、ブラック企業に勤めていた人もいるし、非常に過酷な下請けのそのまた下請けの工場で働いていた人もいる。聞いてみたら半年も休みがなくて、高卒から二〇年以上も働いてるのに給料も手取り十数万円。そういう人が、その世界が当たり前だと思って生きてきたけれども、そこから抜け出して個人事業主で移動スーパーをやることによって、ものすごく元気を取り戻したんですね。自分が個人事業主だから全部自分で決める。今日は何を持っていくか、おばあちゃんとどんな話をするか、全部自分で決めて自分が主体になってできる。おばあちゃんやお店の人とのコミュニケーションが生まれ、ありがとうっていう感謝の言葉のキャッチボールがあって、凄く元気になったんですね。生きることが面白く、楽しくなってきたんです。

この仕事は、体はすごくきついんですよ。朝七時に店に入って、一〇時に出発して、毎日店に帰ってくるのが夕方五時。それから二時間ぐらいかけて片付け。すごい大変な仕事です。だけどそんな中でも、自分で考えて決めてやれるってことは、体のしんどさ以上にすごい元気がでるんですね。誰かにやらされるんじゃないんです。

田中：分かります。

村上：それは個人のことだけじゃなくて、国に対しての地方自治ということも同じだと思います。自分たちで決めて行動できるってことはすごく元気が出る。

田中：国や誰かの押し付けじゃなくてね。

知恵のイノベーションと志のネットワーク

村上：それが今の行き詰まった資本主義社会の中では、なかなか自尊心をもてる仕事が難しい。大企業で技術者をやってても、この車の燃費をゴマかしなさい、なんて言われたらキツイですし、東芝みたいに日本を代表する企業でも利益を改ざんしたり、という話になるじゃないですか。仕事の喜びみたいなものが否定されたら元気は出にくいですよね。まあ、中にはオタクみたいな方向で元気出す人もいると思うんですけど、なかなか社会に開かれた元気は出にくいんだと思うんですよね。だからやはり主体性を取り戻すための政策なりソーシャルビジネスなりを考えなくちゃいけない。そこで初めて一人の人間として社会に開かれるみたいな感じがあると思うんですよね。

田中：当然、他の人のことも尊重するようになりますしね。

村上：そう。共感が持てるようになります。だけどタコツボでブラックな環境に置かれたら、共感も持てなくなるんですね。

田中：共感どころか、攻撃したくなります。自分を守るために。

村上：そうです。アンダーグラウンドなダークな世界に入っていったりもする。そうなってきたら社会全体の利益も損なわれます。

田中：社会全体が攻撃的になるというか。

村上：ＧＤＰってあるじゃないですか。グロスドメスティックプロダクト、国内総生産量。だけど僕はこれからの時代はＧＤＷが大事だと思うんですよ、Ｗはウィズダムで知恵の意味です。国民総知恵量。テクノロジーだけのイノベーションじゃなくて、ローテクとかナレッジも含めて知恵をいかに出すか。

田中：知恵のイノベーションですね。そういえば、日本は、職業訓練や学ぶ間の所得補償などへの公費支出が最も低い国のひとつなんです。そのため、高度な技術は、自腹を切って学ばなければならない。大学もそうです。けれども、スウェーデンは、大学は無料で、職業訓練も無料。その間の所得補償があり、新しい技能を身につけて、成長企業や産業に移れます。企業はつぶれても、労働者は路頭に迷わせない。これがスウェーデンの政策です。

村上：人間を尊重してるんですね。

田中：だからと言って、日本の労働組合のように、今までずっと原子力の仕事をしてたし、将来も原子力の仕事をする権利があるというような、配置転換への配慮はないんです。要らなくなった職種や産業は、国に救済されません。代わりに、公費で訓練するので、新たな職種や産業に移ってもらうのです。

村上：いろんな問題で本質に迫って解決していく知恵が足りないんですね。

田中：こうした問題は、大学をめぐっても見えてきます。これから知識社会になるので、それに対応できる人、具体的には大学で知的トレーニングを受けた人の割合を増やしていく必要があります。ところが、日本の大学は、東京と京都に集中していて、大半の地方は卒業する高校生の数より、はるかに少ない定員の大学しかありません。それは、地域経済にとっても重要で、大学がなければ社会人の学び直しも困難になります。とりわけ、高度な知識や思考力を求められる経営者や公務員が働きながら学び直しできないことは、地域全体にとって不幸なことです。働く人や住民が、その被害を受けるのですから。

村上：これからの複雑な社会に対応できる人間を育てなきゃいけないですもんね。

田中：これからは、誰もが価値を生み出す知的な社会になっていくと考えています。そうしたことを志向する人たちが、しがらみや立場を超えて、社会の課題をともに解決していくネットワークをつくることが必要だと思います。

村上：いいですね。必要性を感じます。僕らもおじさんになってきたんで、若い人に広げていくってことも意識して希望をつくっていきたいですね。

田中：ぜひやりましょうよ。

村上：やりましょう。これからの日本の元気をつくるために。今日は長い時間ありがとうございました。

田中：ありがとうございました。

あとがき

先日、サーフィンを再開した。

二九歳の時に始めて三〇代の半ばぐらいまで時々、小さな波で遊ぶ「なんちゃってサーファー」だったのだが、ここ二〇年近くすっかりご無沙汰していた。

だけどあいかわらず海は大好きで、夏になると毎週のように浸かりに行く。サーフィンにはずっと想いを持っていたが、本格的な中年になった最近は体力に自信を無くし、ケガが怖くてあきらめていたのだ。

それが、ひょんなことから海陽町のある還暦を過ぎたビッグウェーバー（ハワイなどの巨大波に乗るサーファー）と知りあい、お誘いを頂いて二〇年ぶりのパドリングとなったのである。

その日は小さな膝の高さぐらいの波だったのだが、不思議なことに体が感覚を覚えていて、何度も板の上に立つことができた。そして久しぶりの「気持ちの良い状態」になった。サーフィンにはどこか麻薬的な快感があって、一本でも良い波に乗れたら頭の中がスカッと晴れて、しばらく幸せな気持ちが続くのである。

こんなことがあって、晴れてサーフィン五〇代再デビューとなったのだ。

長年、胸に秘めてウジウジとあきらめていた気持ちは、出会ったその人の「やりませんか」の一言で扉を開けられた。開けてみると、鍵もかかっていないし錆びついてもいない。二〇年も閉じられたままの扉は、そっと手で押すだけで音もなくスムーズに開いたのである。そして扉の向こうには、どこまでも晴れ渡った気持ちのいい景色が広がっていたのだ。

人は人から元気をもらう。

この本の中の言葉も、ほんの少しでも元気の送球になっていればこの上ない喜びである。そしてもし良かったら、そこからまた次の人へ、やさしく元気のボールを回してあげてほしいと思うのである。

この本は、緑風出版から三冊目の本になる。出版文化や商道徳を壊していくグローバリズムに敢然と立ち向かう高須次郎社長とスタッフの皆さんには、大きな敬意とともに最大の感謝を申し上げたい。

また、販売パートナーさんをはじめ、仕事の仲間たちは私にとって空気のようなもので、無いと息もできなくて即刻倒れてしまうような大切な人たちだ。ここにあらためて感謝の意を表したいと思う。

そしてやはり家族の支えが無ければ、歩く日々はきつい。前作に続いて気持ちの軽くなるイラストを添えてくれた妻の美智子、長女のはるか、長男の元清からはいつも元気をもらっている。母や兄、ご先祖様たちも合わせ大きな感謝を申し上げてこの本を結びたい。

[著者略歴]

村上　稔（むらかみ　みのる）

（株）Tサポート代表取締役
沖縄国際大学　特別研究員
1966年（昭和41年）徳島市生まれ
京都産業大学外国語学部卒
（株）リクルート勤務などを経て帰郷
平成11年～23年　徳島市議会議員（3期）
平成12年　全国初となる、国の大型公共事業を問う住民投票条例を制定、吉野川可動堰計画を中止に追い込む
平成23年～　買い物難民対策のソーシャルビジネスに従事

著書に、『希望を捨てない市民政治』（2013年、緑風出版）『買物難民を救え――移動スーパーとくし丸の挑戦』（2014年、緑風出版）。共著に『ひとびとの精神史』第8巻、第9巻（2016年、岩波書店）。

著者メールアドレス：mm920@aioros.ocn.ne.jp

歩《ある》く民主主義《みんしゅしゅぎ》
～五万軒、歩いてわかった元気の作り方～

2018年12月20日　初版第1刷発行　　定価1600円＋税

著　者　村上稔 ©
発行者　高須次郎
発行所　緑風出版
〒113-0033　東京都文京区本郷2-17-5　ツイン壱岐坂
［電話］03-3812-9420　［FAX］03-3812-7262［郵便振替］00100-9-30776
［E-mail］info@ryokufu.com［URL］http://www.ryokufu.com/

装　幀　川崎孝志　　イラスト　村上美智子
制　作　R 企 画　　印　刷　中央精版印刷・巣鴨美術印刷
製　本　中央精版印刷　　用　紙　中央精版印刷・大宝紙業　　E1200

〈検印廃止〉乱丁・落丁は送料小社負担でお取り替えします。
本書の無断複写（コピー）は著作権法上の例外を除き禁じられています。なお、複写など著作物の利用などのお問い合わせは日本出版著作権協会（03-3812-9424）までお願いいたします。
Minoru MURAKAMI© Printed in Japan
ISBN978-4-8461-1820-4　C0036

◎緑風出版の本

■全国どの書店でもご購入いただけます。
■店頭にない場合は、なるべく書店を通じてご注文ください。
■表示価格には消費税が加算されます。

買物難民を救え
―移動スーパーとくし丸の挑戦
村上 稔著
四六判上製
一九六頁
1800円
ソーシャルビジネス創業のノウハウや意義、社会問題としての「買い物難民」の現実、その背景にある政治・行政の問題点、将来あるべきビジョンなど。超高齢化社会を迎えた、これからの持続可能なローカル経済とは……。

希望を捨てない市民政治
―吉野川可動堰を止めた市民戦略
村上 稔著
四六判上製
二〇〇頁
2000円
吉野川に巨大可動堰を造る計画に反対する為、選挙に打って出て、議会構成を逆転させ、住民投票を実現。最終的に計画を中止に追い込んだ。本書は、その運動の戦略と経緯を明らかにすると共に、市民運動の在り方を問う。

虚構に基づくダム建設
―北海道のダムを検証する
北海道自然保護協会編
四六判上製
三二八頁
2500円
ダムは、建設に莫大な費用がかかるのに、寿命は百年ほどだ。また、ダムは河川環境を悪化させる。本書は、北海道のダムを検証しつつ、むだなダム建設が止まらない原因を明らかにし、川を取り戻すための施策を提言する。

よみがえれ！清流球磨川
―川辺川ダム・荒瀬ダムと漁民の闘い
三室勇・木本生光・小鶴隆一郎・熊本一規共著
四六判上製
二三二頁
2100円
内水面の共同漁業権を武器に川辺川ダム計画を中止に追い込み、また荒瀬ダムを日本で初めてのダム撤去に追い込んだ、球磨川漁民の闘いの記録。既存ダムを撤去に追い込む闘い方を含め、今後のダム行政を揺るがす内容。